AF477522

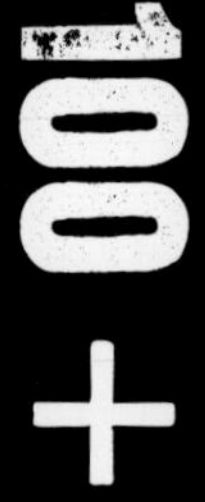

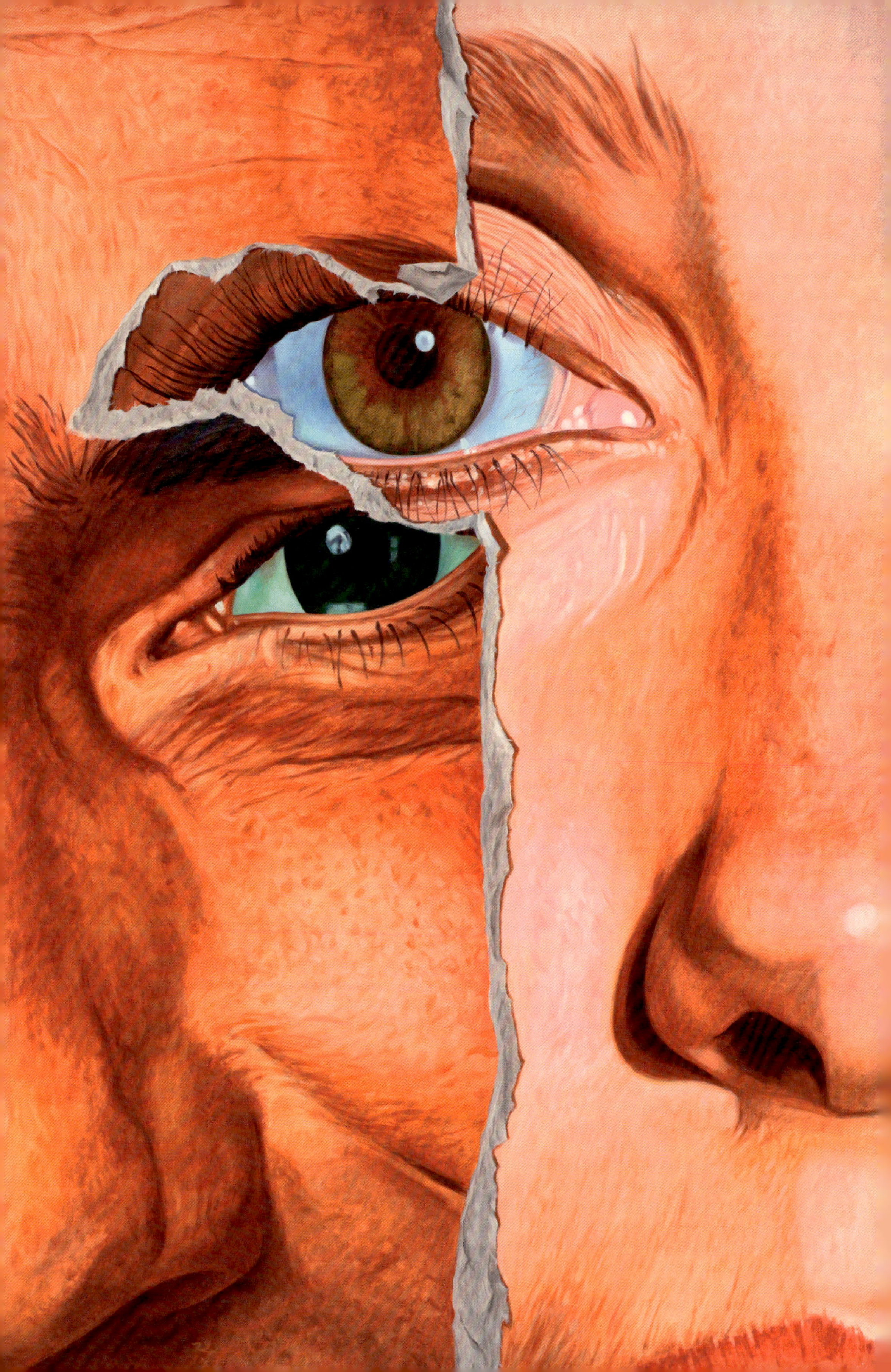

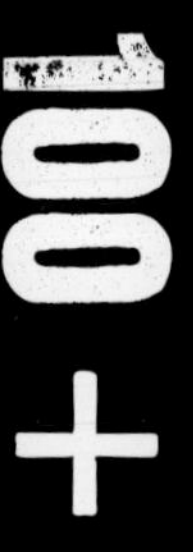

FRITZ KÖTHE

KERBER ART

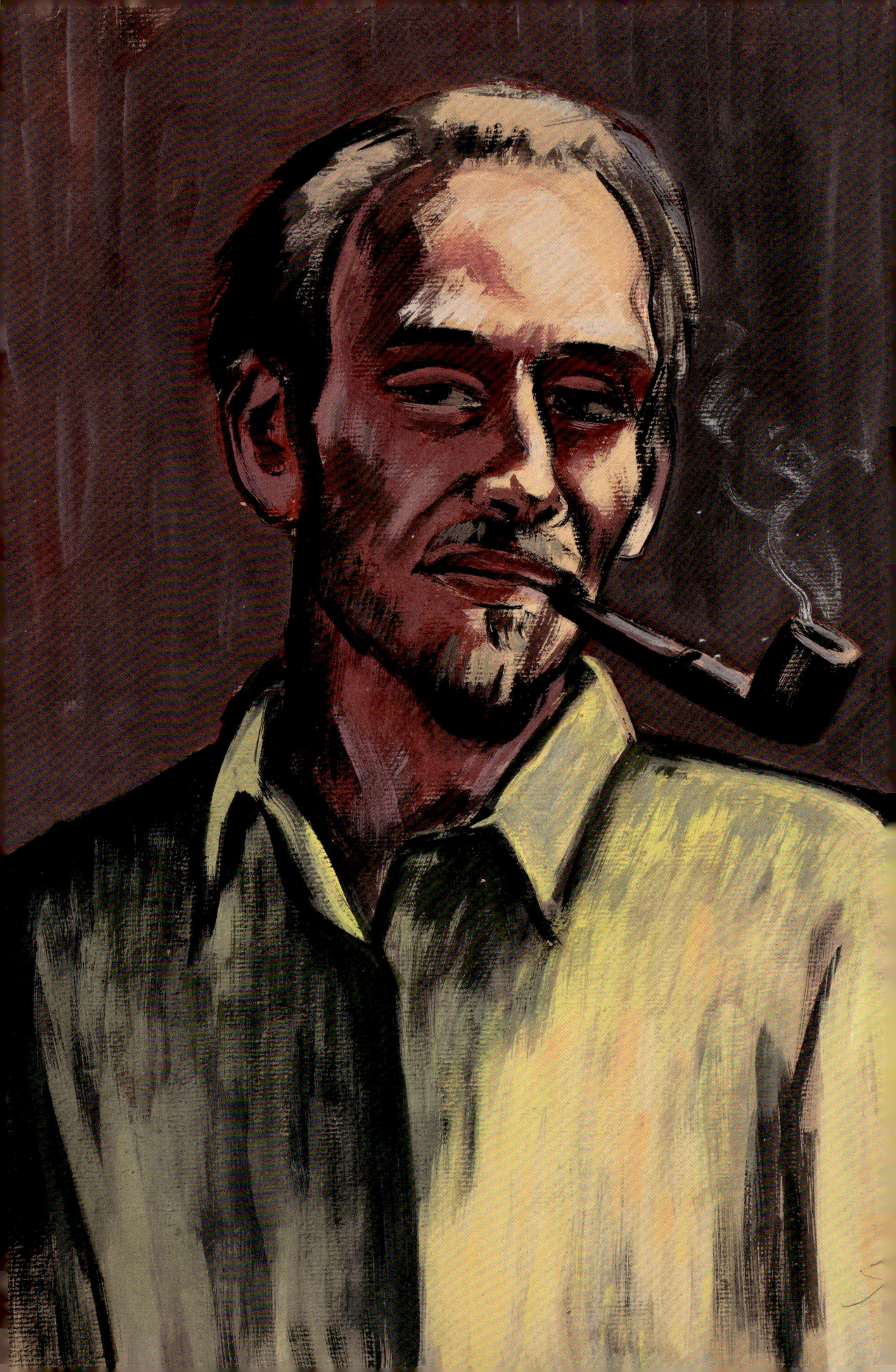

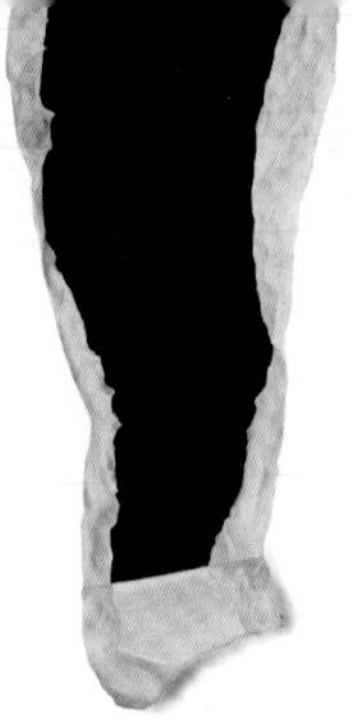

SPIEGEL
EINER ZERSPLITTERTEN
WIRKLICHKEIT

Fritz Köthes bruchstückhafte Bilder
unserer beschleunigten Zeit

Belinda Grace Gardner

»Man könnte sagen, dass schon ein gewisser Pessimismus darin steckt,
dass man alles zerreißt. Auf der anderen Seite stimmt das nicht ganz, weil ich davon
ausgehe, dass man überhaupt nichts mehr ganz sieht, nur im Ausschnitt...«
Fritz Köthe (1982)[1]

Der Maler Fritz Köthe ist ein Chronist der Pop-Kultur, der die mediale Wareninszenierung
unserer Zeit mit den Mitteln der Décollage bricht und aushebelt. Zugleich ist er ein nach-
moderner Surrealist, der in der Gegenüberstellung des eigentlich Unvereinbaren ein zer-
splittertes Porträt unserer dauerproduzierenden Konsumgesellschaft zeichnet. In seinen
malerischen Konfrontationen von ausschnitthaften Images aus der bunten Sphäre des
Kommerzes werden »die überraschenden Begegnungen verschiedener Realitäten in den
Warenauslagen, unter dem elektrischen Licht, durch die Leuchtreklame, überhaupt durch
die Werbung«[2] greifbar, wie Uwe M. Schneede die bildstiftende Einwirkung der frühen
Produktplatzierungsindustrie auf die historischen Surrealisten in den ersten Dekaden des
20. Jahrhunderts beschrieben hat. Die »Surrealität der Realität«[3], die sich in unserem
Medienzeitalter noch verschärft hat, offenbart sich in Köthes Werk ab den 1960er Jahren

in ihrer geballten Fragmentierung und Inkohärenz. Diese Entwicklung fällt zusammen mit den immer schnelleren Umdrehungen der medialen Rotationsmaschinen, die mit dem beschleunigten Output der Entertainment- und Warenindustrie in der zweiten Hälfte des 20. Jahrhunderts einhergehen. In diesem Zuge wird zusehends »die sinnliche Welt durch eine über ihr schwebende Auswahl von Bildern ersetzt, welche sich zugleich als das Sinnliche schlechthin hat anerkennen lassen«[4], wie es der französische Situationist Guy Debord in seiner Abhandlung *Die Gesellschaft des Spektakels* (1967) gefasst hat. »Das Spektakel«, so Debord weiter, »ist der Moment, in dem die Ware zur *völligen Besetzung* des gesellschaftlichen Lebens gelangt ist.«[5]

Diese »völlige Besetzung« und Überlagerung gesellschaftlicher Wirklichkeit durch die Warenwelt liegt den Konfrontationen von bruchstückhaften Ausschnitten aus Zeitungen, Magazinen, Werbeanzeigen und anderen konsumspezifischen Bildquellen in der Malerei von Fritz Köthe zugrunde. Dabei verknüpft der Künstler verschiedene ästhetische Ansätze zu einem ganz eigenen Stil, der indes charakteristisch ist für unsere schnelllebige, vom Flirren der Bilder und Botschaften bestimmten Zeit. Wie auch etliche Vertreter der US-amerikanischen Pop-Art hat Köthe Wurzeln im Terrain der angewandten Kunst und Gebrauchsgrafik: 1916 in Berlin geboren, absolvierte er zunächst eine Ausbildung in einem Maler- und Dekorateurbetrieb, studierte dann anschließend an der Höheren Graphischen Fachschule Berlin, bevor er 1936 an die Akademie für grafische Künste Leipzig wechselte. Dort wurde er jedoch aufgrund seines Interesses für die von den Nationalsozialisten verfolgten Künstler der Avantgarde systematisch vom Lehrpersonal ausgebremst.

Ab 1939 lebte er wieder in Berlin und arbeitete neben seiner künstlerischen Tätigkeit als Anstreicher, Gebrauchsgrafiker und Karikaturist. Nach Kriegsende machte sich Köthe als Grafiker für verschiedene Fachzeitschriften und Werbeagenturen einen Namen. Als freier Künstler hingegen konnte er sich erst ab Anfang der 1960er Jahre behaupten, als er begann, bildliche Stoffe aus der zweiten Realität der Medien und Werbung in gemalten Collagen zu kombinieren. Ein Blick auf das Frühwerk des Künstlers offenbart ein weites Spektrum zuvor erprobter ästhetischer Methoden: von expressionistischen Großstadtansichten aus den späten 1930er Jahren über neusachliche Milieustudien aus der Nachkriegsära bis hin zu filigranen surrealistischen Szenen, die Köthe zwischen den späten 1940er und frühen 1960er Jahren virtuos in verschiedenen Techniken ausführte.

Ein bemerkenswertes Stilleben in Tempera und Öl auf Hartfaserplatte von 1949 zeigt einen auf dem Rücken liegenden Käfer auf einer Tischfläche, über dem vor dunklem Hintergrund eine helle Feder in der Luft schwebt. Daneben ist ein Apfel zu sehen, der auf der scharfen Spitze einer in den Tisch hinein gerammten Glasscherbe aufgespießt ist. Die einzelnen Elemente sind in der Szene zu einer Allegorie prekärer Balancen vereint. In den in fotorealistischer Manier gemalten Kompositionen späterer Dekaden prallen bruchstückhafte Ansichten weiblicher Augen, Münder, Nasen, Gesichter, Busen, Hände, Arme und Beine auf ebenso fragmentarische Logos und Verpackungen nebst zerlegten Abbildungen aus den Feldern von Sport, Technik und Freizeit, Nahrungs- und Luxusgütern. Sie bringen eine Wirklichkeit zur Anschauung, in der sämtliche Balancen außer Kraft gesetzt sind und alle Erscheinungen als visuelle Kakophonie gleichzeitig auf die Sinne einstürmen.

Mittels seiner Malerei erzeugt Köthe die Anmutung buchstäblich aus ihrem Zusammenhang herausgerissener und zerrissener Bildkomponenten, wie sie in den Décollagen der Nouveaux Réalistes, etwa von Raymond Hains oder Mimmo Rotello, sowie anderer Künstler zum Einsatz kommen. Während erstere unter anderem Bildfragmente zerrissener Plakate ihrem Fundort auf der Straße entnahmen und zu neuen Kompositionen zusammensetzten, betreibt Köthe seine Methode der optischen Décollage als Trompe-l'œil auf rein malerischer Ebene. Die übereinander liegenden, sich überlappenden Bildschnipsel mit unregelmäßigen Abrisskanten, die der Künstler kraft seiner Malerei erzeugt, muten wie Palimpseste an, wo sich hinter jeder Schicht eine weitere auftut. Man kommt deren Gehalt nie auf den Grund, kann das Gesamtbild nie in Gänze entschlüsseln, als würde man in einen vielfach zerbrochenen Spiegel unserer beschleunigten, medial durchwirkten Zeit schauen. In Köthes Worten: »Sie haben überall einen Fernseher, beim Autofahren schauen Sie in den Rückspiegel und aus dem Fenster. [...] Wer geht heute noch durch eine Landschaft und sieht das Panorama wie Caspar David Friedrich?«[6]

Im Gegensatz zu den lakonischen, in ihrer Kühle fast abstrakten Reflexionen der Konsumkultur, wie sie in unterschiedlichen Varianten von Roy Lichtenstein, Andy Warhol, James Rosenquist und anderen Protagonisten der Pop-Art in den USA durchgespielt worden sind, haben die Pop-affinen, doch letztlich davon deutlich divergierenden Werke Fritz Köthes eine gesellschaftskritische Grundverfassung und eine Feinstofflichkeit, die ihren plakativen Sujets zuwiderläuft. Diese Komplexität wird bereits in den Stilleben der frühen 1960er Jahre deutlich, in denen der Künstler Konsum- und Alltagsgüter in surrealer Juxtaposition nebeneinanderstellt. So etwa in *Glühbirne* von 1963, wo eine Glühbirne neben verstreuten Pillen und einem angebissenen Stück Schokolade auf spiegelnder Fläche ruht wie eine kleine, in sich geschlossene Welt. Im Ausstellungskatalog anlässlich des 70. Geburtstags von Fritz Köthe schreibt Dorothea Eimert treffend: »Der Künstler Köthe wirft einen Focus auf die rasche Vergänglichkeit unserer oberflächlichen Betriebsamkeit. Seine Bilder erinnern an die unaufhaltsame Schnelllebigkeit in einer Art aktualisierter Vanitas-Darstellung.«[7] In dieser stehe nunmehr »die Welt aus zweiter Hand, der Mensch aus zweiter Hand«[8] im Zentrum.

In seinen Werken ab den 1960er Jahren begibt sich Köthe über den Blick auf die Straße samt der dort vorgefundenen Verkehrsschilder und des Ausschusses der Konsumgesellschaft zur simulierten Wirklichkeit der Werbeanzeigen und -plakate, die wie zerfetzte Bühnenvorhänge fungieren, hinter denen immer wieder andere bruchstückhafte Szenen hervorblitzen. Zunehmend werden geschminkte Augen zu wesentlichen, in ihrer Isoliertheit und Vervielfältigung fetischisierten Bildsujets, als würde Köthe das Sehen selbst zum Thema machen: die Verführung und Täuschung des Blicks durch die Fülle der verkaufsfördernd eingesetzten Effekte, denen unser Bewusstsein heute nonstop ausgesetzt ist. »So sind Köthes Plakat-Collagen zugleich Analysen der optischen Reize die auf uns eindringen«, wie Heinz Ohff in seiner Monografie über den Künstler feststellt, »zeitgebunden durch die Auswahl aus jeweils dem aktuellsten Material, überzeitlich, weil dieses auf psychologischen Erfahrungen beruht, die nicht nur unsere unmittelbare Gegenwart betrifft.«[9] Ohff zufolge handelt es sich bei den auf spezifische erotische Schlüsselreize fixierten Fragmenten, die der Künstler in seinen Kompositionen bündelt und bis ins feinste Detail ausformuliert, zugleich um die Produkte einer »Internationalen der Werbung« und um »Archetypen, die tief in uns verhaftet sind«[10].

Im Kern aber geht es in den Werken des Künstlers um die Verflüchtigung dessen, was uns umgibt: die Auflösung der Gewissheiten in der Fülle der Ereignisse und Eindrücke, mit denen wir allzeit konfrontiert sind, und das Zerfallen der Wirklichkeit in ebenjene visuellen Splitter, die seine Décollagen in Tempera und Öl auf Leinwand konstituieren. In seiner Malerei fängt Fritz Köthe immer auch die Schnelligkeit ein, mittels derer wir uns durch unsere Gegenwart bewegen, während an unseren Augen unentwegt Bilder vorbeirauschen: »das fortschreitende Verschwinden der Realität der Körper und der Gelände in der Geschwindigkeit der Reise, die Auflösung des Ortes zugunsten des Nicht-Ortes der Fahrt, zugunsten der Abwesenheit des Passagiers«[11], wie Geschwindigkeitstheoretiker Paul Virilio die Auswirkungen unserer allgemeinen Beschleunigung durch die immer schnelleren Umdrehungen unserer Fahrzeuge und medialen Projektionen darstellt. Die Fragmentierungen, Verzerrungen, Verdopplungen und Dislokationen in den Werken von Fritz Köthe wirken wie optische Echos oder Nachbilder, die sich »im Flimmern der Geschwindigkeit« als »Ohrensausen, Sichtstörungen, Bild- und Farbausfälle«[12] manifestieren. In der verdichteten Realität seiner Malerei wird das bruchstückhafte Wesen unserer rasanten Zeit eingefangen und vor der endgültigen Zerstreuung bewahrt.

1: Aus: Interview Ulrike Schloesser mit Fritz Köthe in Berlin am 31. Oktober 1982, zitiert nach: Dorothea Eimert: »...da man nichts mehr ganz sieht...«. Fritz Köthe zum 75. Geburtstag, in: *Fritz Köthe zum 75. Geburtstag*, Ausst.-Kat. (Leopold-Hoesch-Museum, Düren; Galerie Wilbrand, Köln; Mannheimer Kunstverein, 1991), Köln 1991, S. 6. **2:** Vgl. Uwe M. Schneede: *Die Kunst des Surrealismus. Malerei, Skulptur, Dichtung, Fotografie, Film*, München 2006, S. 53. **3:** Vgl. ibid., S. 52 **4:** Vgl. Guy Debord: *Die Gesellschaft des Spektakels*, aus d. Franz. v. Jean-Jacques Raspaud (Kommentare zur *Gesellschaft des Spektakels* aus d. Franz. v. Wolfgang Kukulies), Berlin 1996 [Paris 1967], S. 31f. **5:** Vgl. ibid., S. 35. **6:** Aus: Interview Ulrike Schloesser mit Fritz Köthe in Berlin am 31. Oktober 1982, wie Anm. 1. **7:** Vgl. Dorothea Eimert: »...da man nichts mehr ganz sieht...«, in: Köln 1991, S. 8. **8:** Vgl. ibid. **9:** Vgl. Heinz Ohff: *Fritz Köthe*, Berlin 1976, S. 40. **10:** Vgl. ibid. **11:** Vgl. Paul Virilio: Fahrzeug, (Véhiculaire, in: *Nomades et Vagabonds*, Cause commune 2/1975, Paris 1975), aus d. Franz. v. Ulrich Raulff in: Karlheinz Barck, Peter Gente, Heidi Paris, Stefan Richter (Hrsg.): *Aisthesis. Wahrnehmung heute oder Perspektiven einer anderen Ästhetik*, Leipzig 1990, S. 67. **12:** Vgl. ibid., S. 52.

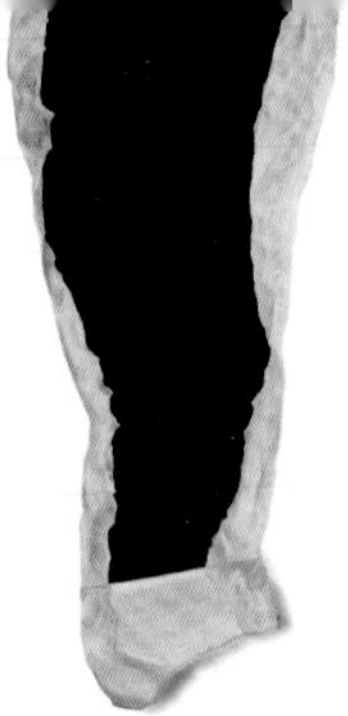

REFLECTIONS
OF A FRACTURED REALITY

Fritz Köthe's fragmented representations
of our accelerated times

Belinda Grace Gardner

"One could say that a certain pessimism is inherent in tearing everything apart.
On the other hand, this is not entirely true, since I proceed on the assumption that one
no longer is able to perceive anything in its entirety, only in fragments..."
Fritz Köthe (1982)[1]

The painter Fritz Köthe is a chronicler of pop culture who ruptures and subverts today's media-based commodity spectacle, using the technique of décollage as a vehicle. Simultaneously, he is a post-modern Surrealist, who in the juxtaposition of incongruous elements sketches a fragmented portrait of our incessantly productive consumer society. In his painted confrontations of fragmentary images from the vibrantly colorful sphere of commerce, "the surprising encounters of various realities in the windows of shops, under electric light, through neon signs, and advertising in general"[2] become palpable, as Uwe M. Schneede has described the effect of the early product placement industry on the pictorial program of the historical Surrealists in the first decades of the 20th century. The "surreality of reality"[3] that has become increasingly more acute in our media age is revealed in Köthe's work from the 1960's onward in its extreme fragmentation and incoherence. This development coincides with the constantly faster revolutions of the media's rotary machines that accompany the increasing output of the entertainment and product industries in the second half of the 20th century. In this context, "the real world is replaced by a selection of images which are projected above it, yet which at the same time succeed in making themselves regarded as the epitome of reality,"[4] as the French Situationist Guy Debord has put it in his treatise *The Society of the Spectacle* (1967). As Debord further states, "The spectacle is the stage at which the commodity has succeeded in totally colonizing social life."[5]

This "total colonizing" and overlapping of social reality by the world of commodities lies at the basis of the confrontations of fragmentary clippings from newspapers, magazines, advertising, and other consumer-specific image sources in Fritz Köthe's paintings. In his works, the artist conflates various aesthetic approaches, creating his own unique style, which at the same time is characteristic of our fast-paced times determined by the constant flow of images and messages. As is the case with a number of protagonists of American Pop art, Köthe is rooted in the terrain of applied arts and graphic design: born in Berlin in 1916, he first completed an apprenticeship as a painter and decorator, then began his studies at the Technical School for Graphics in Berlin before switching to the Academy for Design in Leipzig in 1936. There, however, the teaching staff systematically restricted him due to his interest in the artists of the avant-garde denigrated by the National Socialists. From 1939 onward, he again resided in Berlin and parallel to his activities as an artist worked here as a house painter, commercial artist, and caricaturist. After the end of the war, Köthe gained renown as a graphic designer for various trade journals and advertising agencies. However, he was only able to establish himself as an artist in his own right after the early 1960's, when he started combining materials from the derivative reality of the media and advertising in painted collages. When looking at the early phase of his career as an artist, one finds a broad spectrum of aesthetic methods: extending from Expressionist cityscapes from the late 1930's and New Objective milieu studies up to delicately executed Surrealist scenarios, which Köthe produced with great skill between the late 1940's and early 1960's in various techniques.

A remarkable still life in tempera and oil on fiberboard painted in 1949 depicts a beetle lying on its back on a table surface, above which a pale feather is suspended in mid-air before a dark background. Next to it, an apple is resting on the sharp tip of a piece of broken glass that in turn has been rammed into the table. In this scene, the individual elements are conjoined to form an allegory of precarious balances. In the photo-realistically painted compositions of later decades, painted fragmentary depictions of female eyes, mouths, noses, faces, breasts, hands, arms, and legs collide with no less fragmentary logos and product packaging along with segmented images from the fields of sports, technology, and recreational activities, food and luxury items. They render visible a reality in which all balances have gone awry and where all perceptible phenomena are simultaneously assaulting the senses in a visual cacophony.

Through the medium of painting, Köthe creates the impression of pictorial components that have literally been torn from their original contexts and ripped apart, as was the practice in the décollages of the Nouveaux Réalistes, for example, such as Raymond Hains or Mimmo Rotello, and other artists. While the former assembled shredded images derived from lacerated posters found on the street into new compositions, Köthe carries out his method of visual décollage as a form of trompe l'oeil purely on the level of painting. The overlapping snippets of images superimposed upon each other, featuring uneven tear-off edges, which the artist renders on the strength of his painting, are reminiscent of palimpsests. Behind each layer another layer opens up. It is impossible to get to the bottom of their actual content or to decipher the whole picture in its entirety, as if looking into a multiply fractured mirror of our accelerated, medially permeated time. In Köthe's words, "Everywhere you are confronted by a television screen. When you are driving a car, you look into the back mirror or out of the window. [...] Who in fact still walks through a landscape and perceives the panorama like Caspar David Friedrich did?"[6]

In contrast to the laconic, in their coolness almost abstract reflections of consumer culture, as played out in variations by Roy Lichtenstein, Andy Warhol, James Rosenquist, and other Pop artists in the United States, Fritz Köthe's works, which have both an affinity to Pop art while ultimately also strongly diverging from it, display a fundamental sociocritical sensibility and a delicate quality that run counter to their more blatant subject matter. This complexity is already apparent in the still life works of the early 1960's where the artist conflates consumer products and everyday items in surreal juxtapositions. Thus, for instance, in *Glühbirne* (Light Bulb) of 1963, where a light bulb is lying on a mirroring surface like a small, self-contained world together with scattered pills and a piece of chocolate, which someone has bitten into. In the catalogue published on the occasion of Fritz Köthe's 70th birthday, Dorothea Eimert aptly remarks, "The artist Köthe throws a focus upon the rapid perishability of our superficial frenzy of activity. His paintings recall the relentless, fast-paced nature of life in a kind of updated vanitas depiction,"[7] which now revolves around "the secondhand world, the secondhand human being."[8]

In his works from the 1960's onwards, Köthe moves from views of the street including the traffic signs and the waste discarded there by consumer society to the simulated reality of advertising pages and posters, which appear like tattered stage curtains, behind which other fragmentary scenes keep flashing forth. Increasingly, eyes with make-up, fetishized in their isolation and reduplication, become significant motifs in the artist's work, as if Köthe were attempting to address perception as such: the seduction and deception of the gaze through the impact of promotional effects to which our mind is constantly exposed today. "Thus, Köthe's poster collages are analyses of optical stimuli that impinge upon us," as Heinz Ohff declares in his monograph dedicated to the artist, "both time-bound through the selection of the constantly most current material and timeless since this material is not only unique to our immediate present age."[9] According to Ohff, in the case of the fragments fixated on specific erotic key stimuli, which the artist brings together and formulates in minute detail in his compositions, these are both products of an "Internationale of advertisement" and "archetypes that are deeply rooted in us."[10]

Essentially, however, the artist's work addresses the volatility of that which surrounds us: the dissolution of certainties in the abundance of events and impressions with which we are constantly confronted, and the disintegration of reality into the very visual fragments that constitute his décollages in tempera and oil on canvas. In his paintings, Fritz Köthe always captures the speed with which we move through today's world, while images are incessantly rushing past our eyes: "the progressive disappearance of the reality of the physical body and terrain in the swiftness of the journey, the dematerialization of the place in favor of the non-place of the passage, in favor of the absence of the passenger,"[11] as the theorist of speed, Paul Virilio, has outlined the effects of our general acceleration caused by the constantly faster rotation speed of our vehicles and media projections. The fragmentations, distortions, reduplications, and dislocations in the works of Fritz Köthe are like visual echoes and afterimages, which "in the flicker of speed" become manifest as "ear noise, vision disorders, color and image failures."[12] In the condensed reality of the artist's paintings, the fractured nature of our swift times is captured and saved from its ultimate dissipation.

1: From an interview conducted by Ulricke Schloesser with Fritz Köthe in Berlin on October 31, 1982, quoted after: Dorothea Eimert: "...da man nichts mehr ganz sieht...". Fritz Köthe zum 75. Geburtstag, in: *Fritz Köthe zum 75. Geburtstag*, exhib. cat. (Leopold-Hoesch-Museum, Düren; Galerie Wilbrand, Cologne; Mannheimer Kunstverein, 1991), Cologne, 1991, p. 6. **2:** Cf. Uwe M. Schneede: *Die Kunst des Surrealismus. Malerei, Skulptur, Dichtung, Fotografie, Film*, Munich, 2006, p. 53. **3:** Cf. ibid., p. 52 **4:** Cf. Guy Debord: *The Society of the Spectacle* (Paris 1967), new translation from French into English by Ken Knabb, 2002, p. 10 (accessed on Feb. 12, 2013, under: http://www.bopsecrets.org/images/sos.pdf) **5:** Cf. ibid. **6:** From an interview conducted by Ulricke Schloesser with Fritz Köthe in Berlin on October 31, 1982, see note 1. **7:** Cf. Dorothea Eimert: "...da man nichts mehr ganz sieht...", in: Cologne, 1991, p. 8. **8:** Cf. ibid. **9:** Cf. Heinz Ohff: *Fritz Köthe*, Berlin, 1976, p. 40. **10:** Cf. ibid. **11:** Cf. Paul Virilio: Fahrzeug, (Véhiculaire, in: *Nomades et Vagabonds*, Cause commune 2/1975, Paris 1975), transl. from French into German by Ulrich Raulff, in: Karlheinz Barck, Peter Gente, Heidi Paris, Stefan Richter (eds.): *Aisthesis. Wahrnehmung heute oder Perspektiven einer anderen Ästhetik*, Leipzig, 1990, p. 67. **12:** Cf. ibid., p. 52.
[Unless otherwise indicated, quotes have been translated into English by the author.]

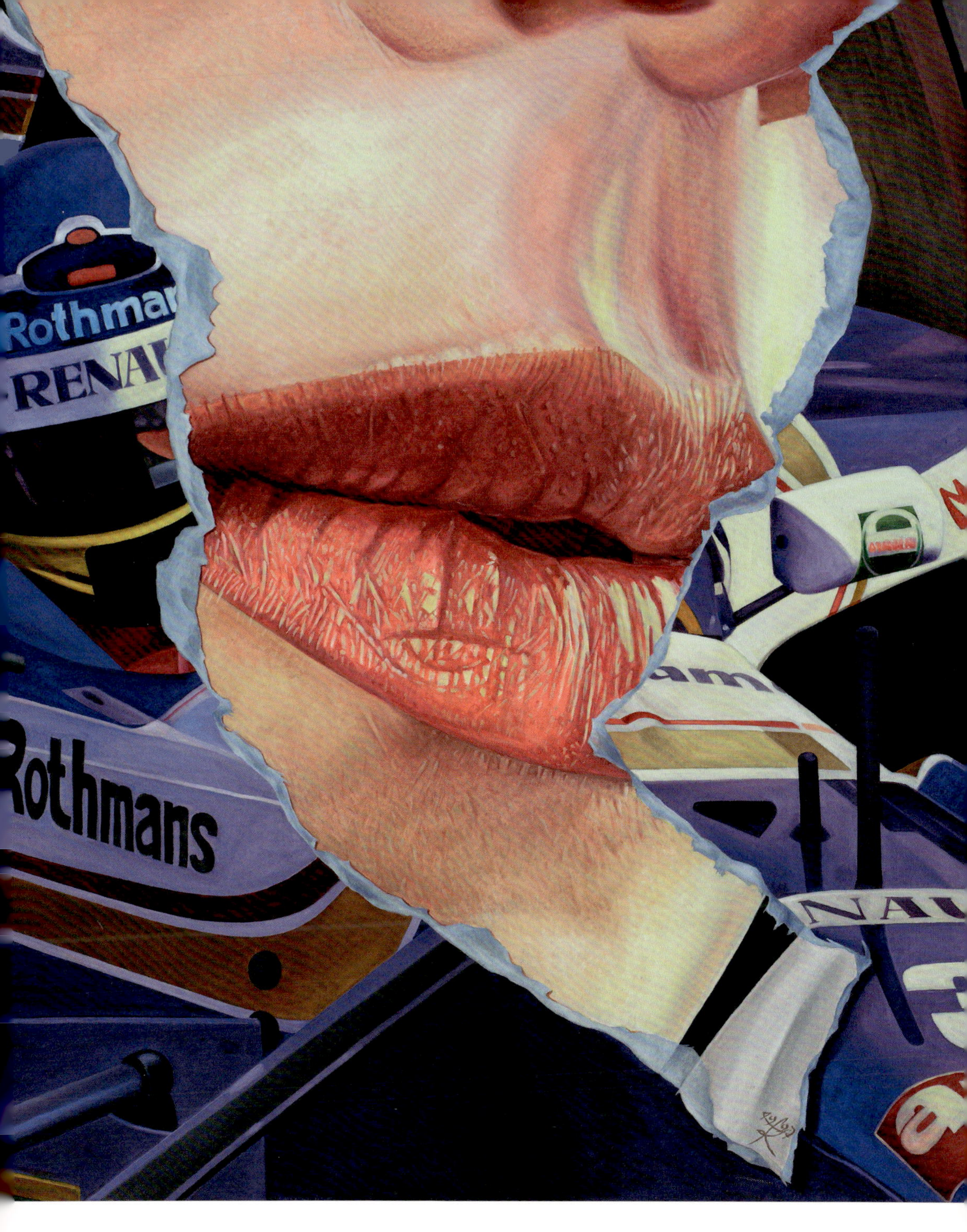

Großer Mund, 1997
▶▶ *Honda*, 1966   13

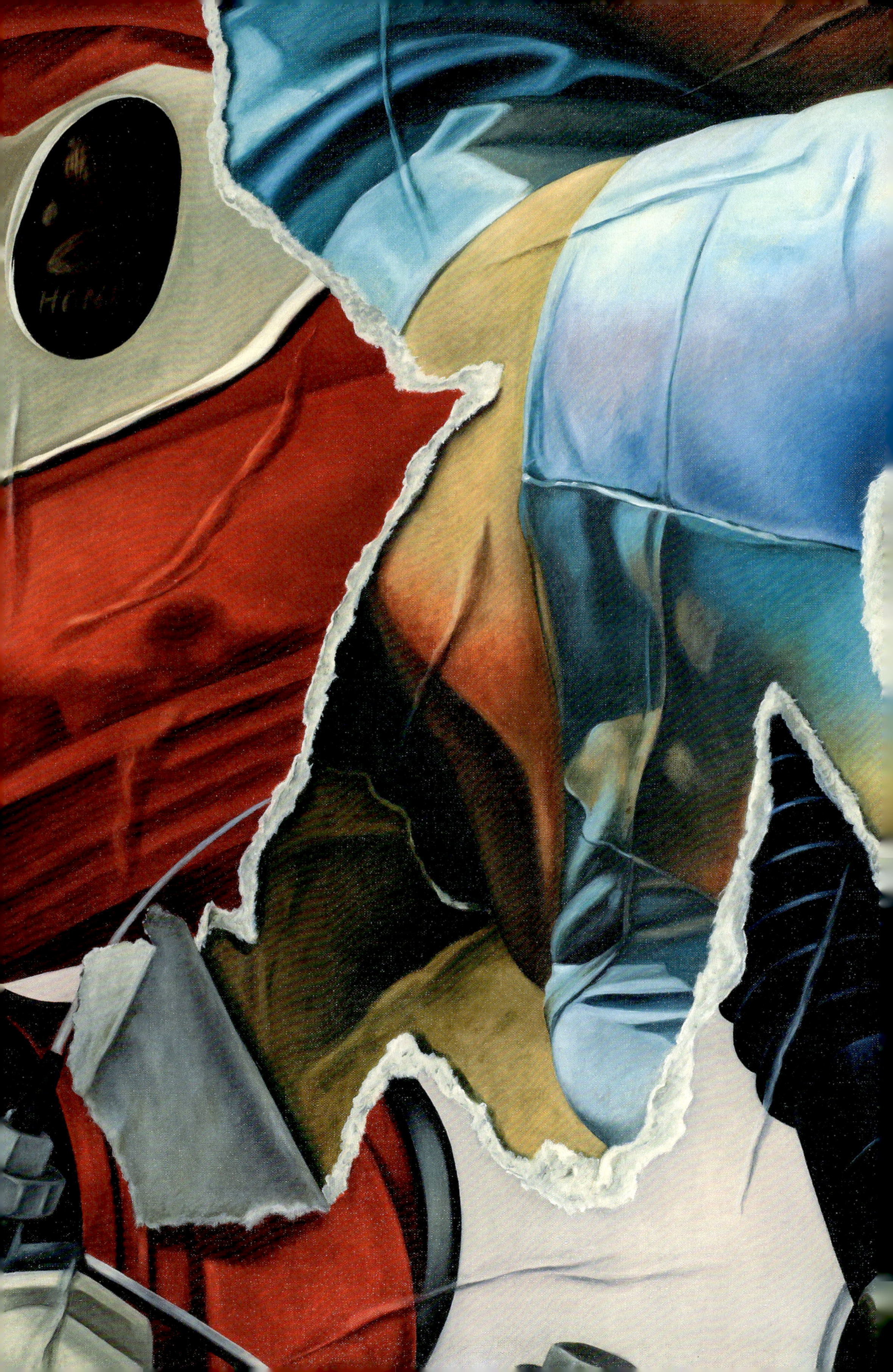

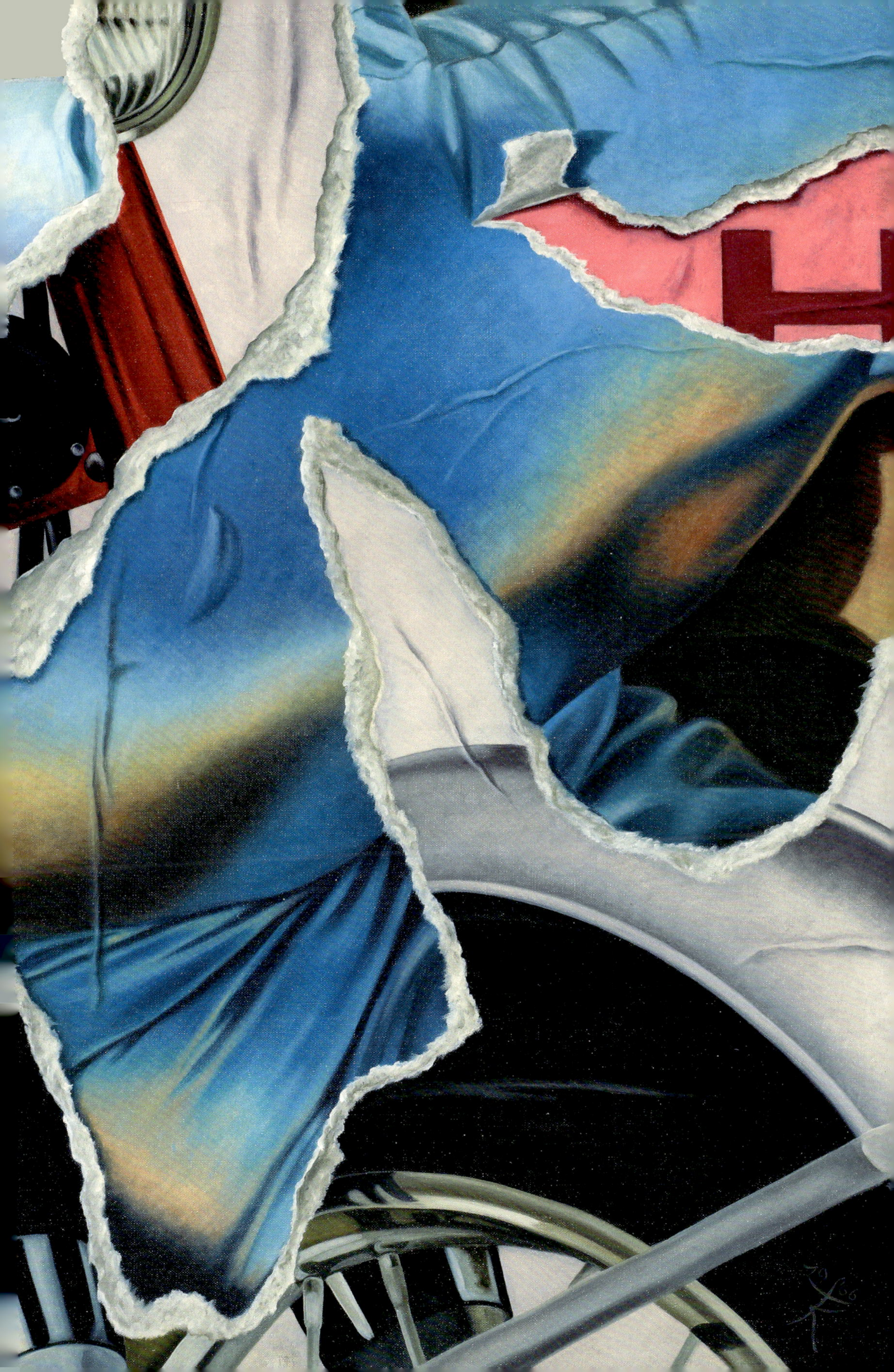

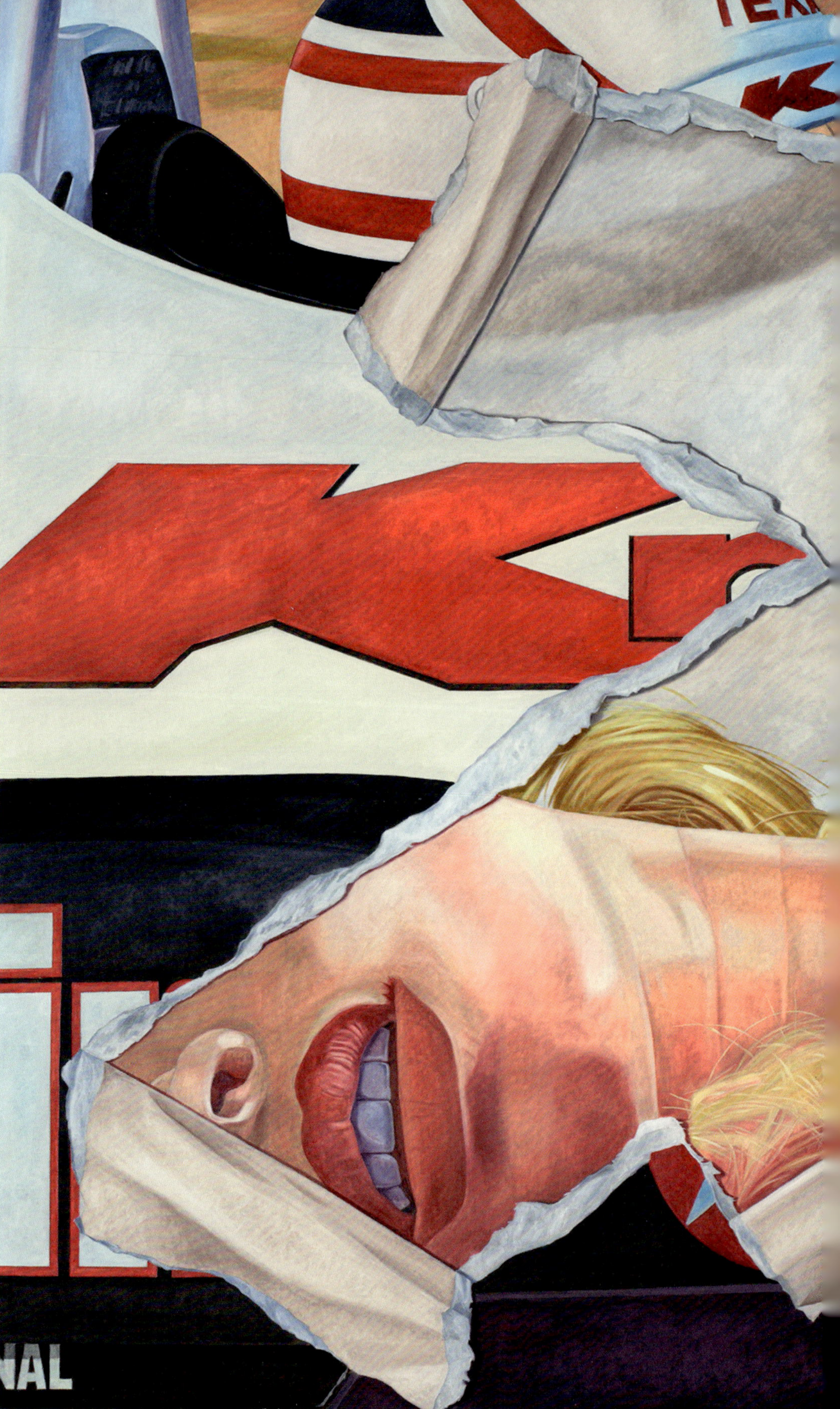

TEXA
NAL

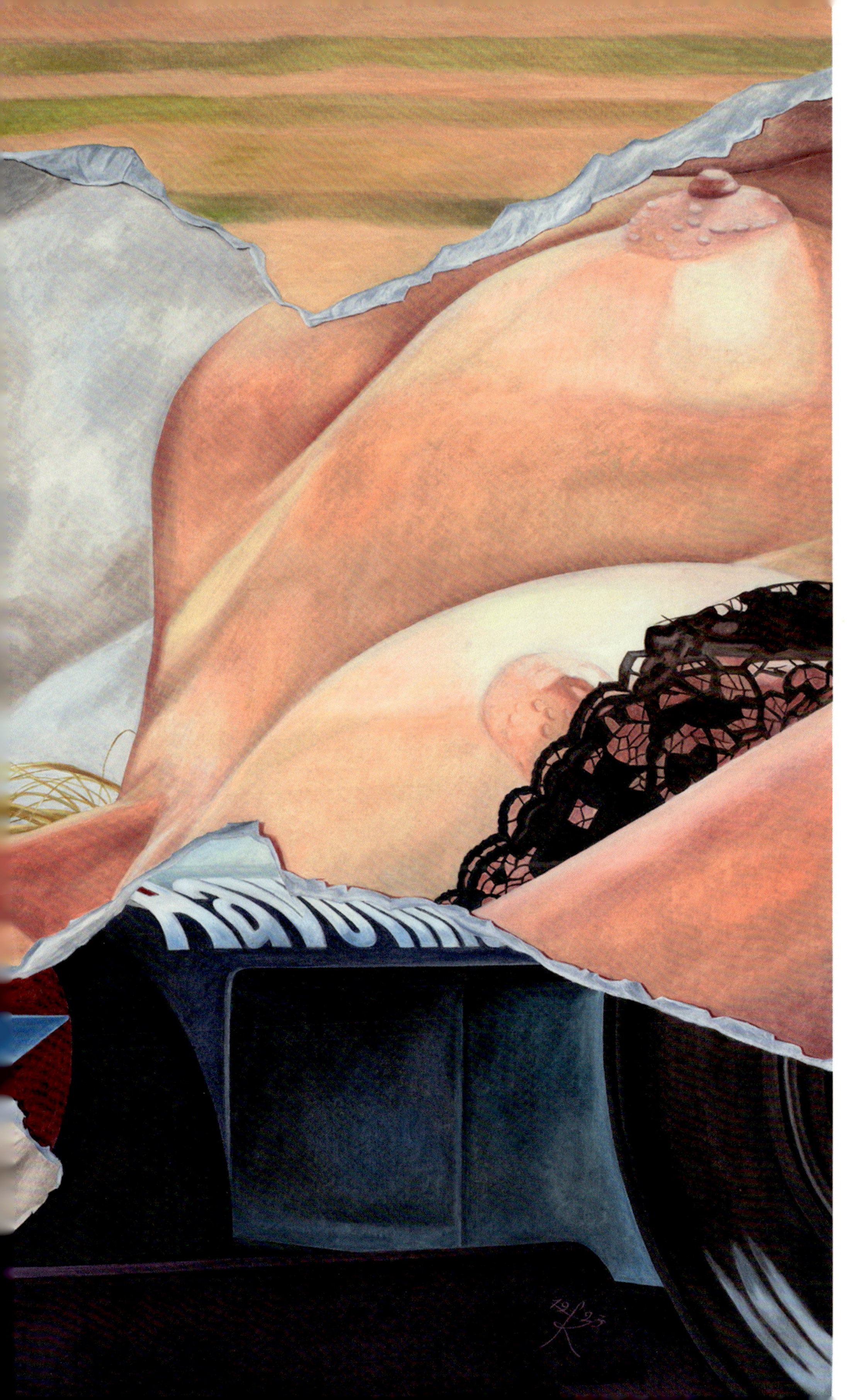

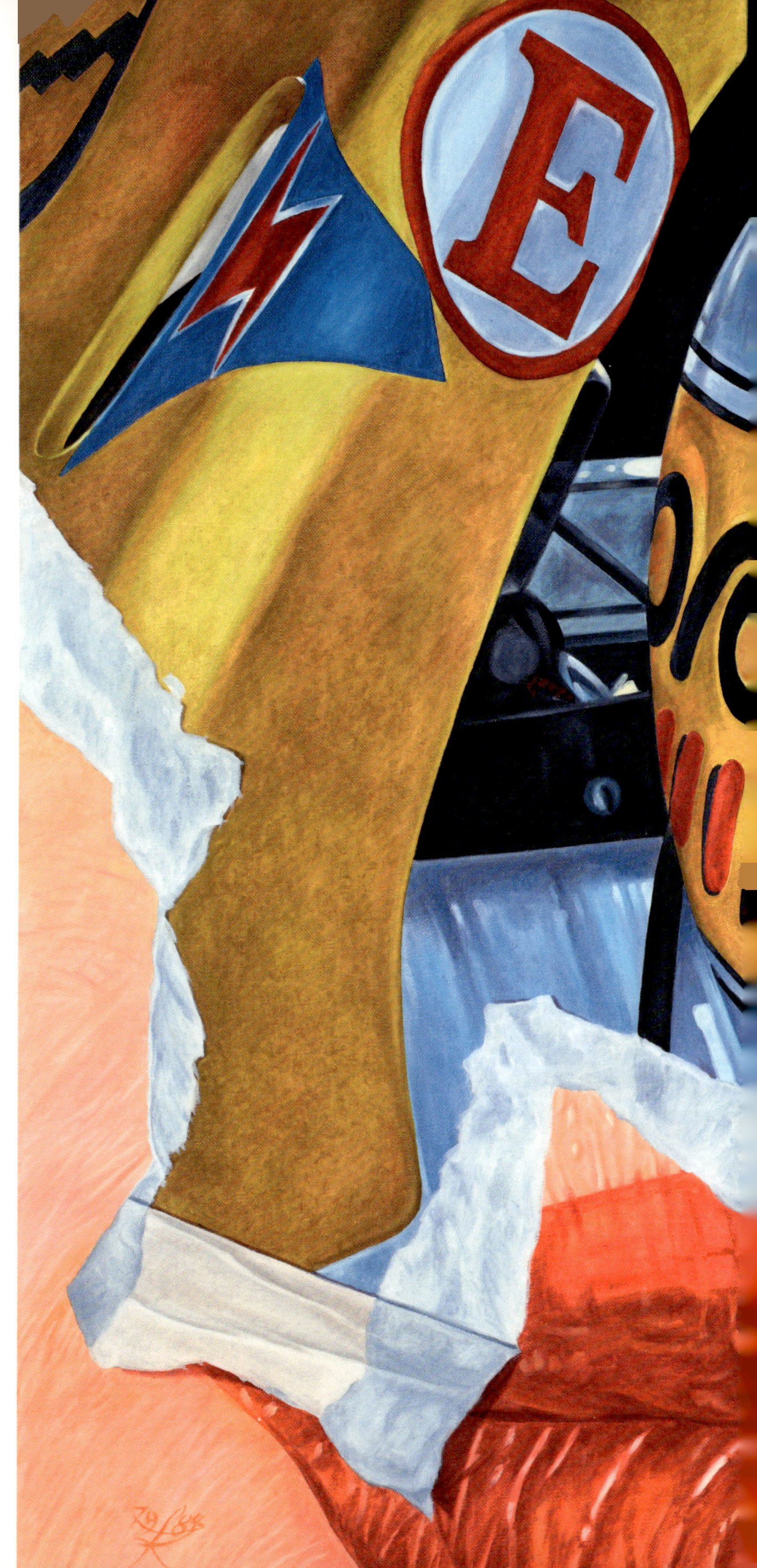

◀◀ *K*, 1993
18 *E*, 1984

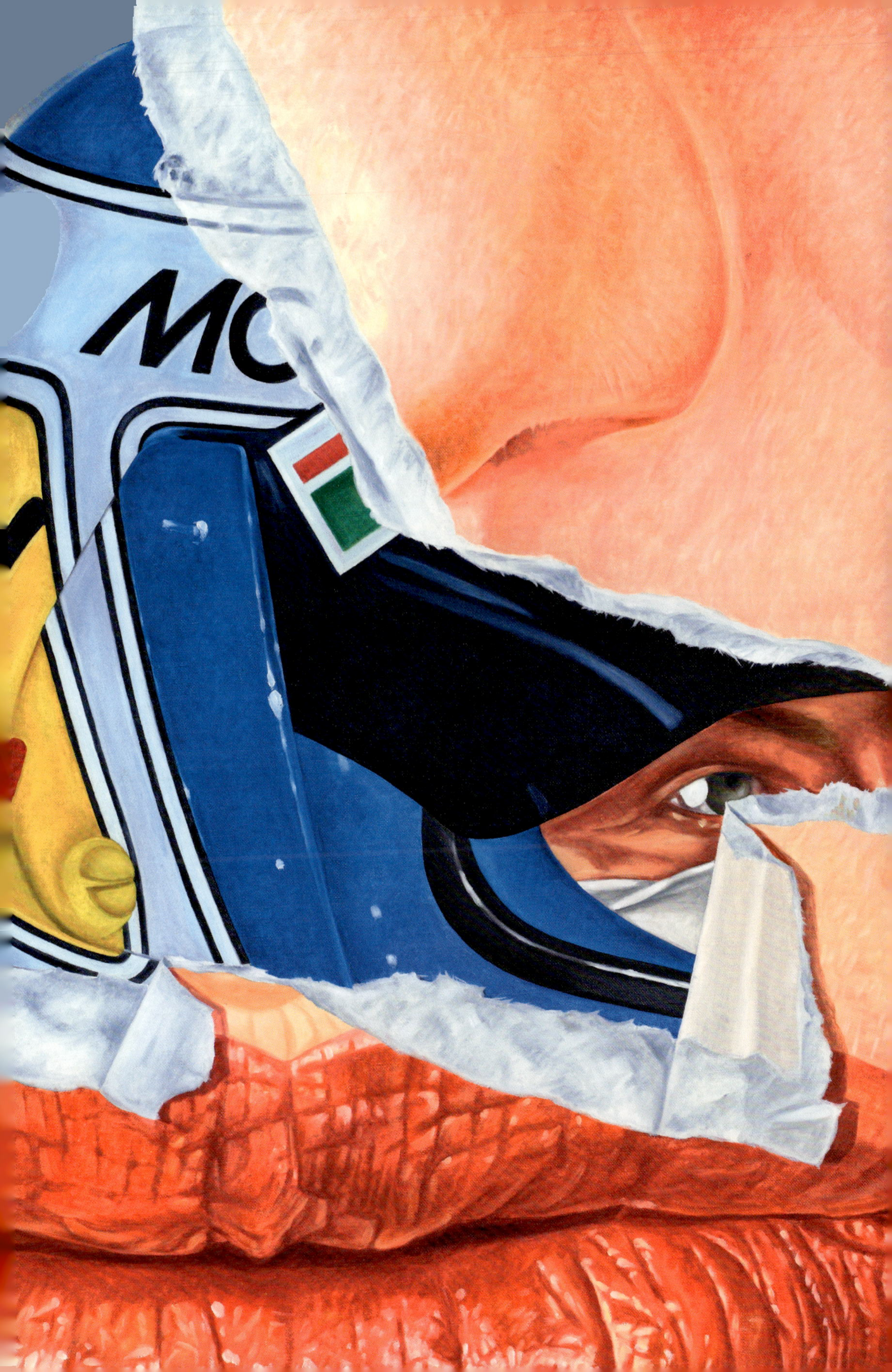

MO

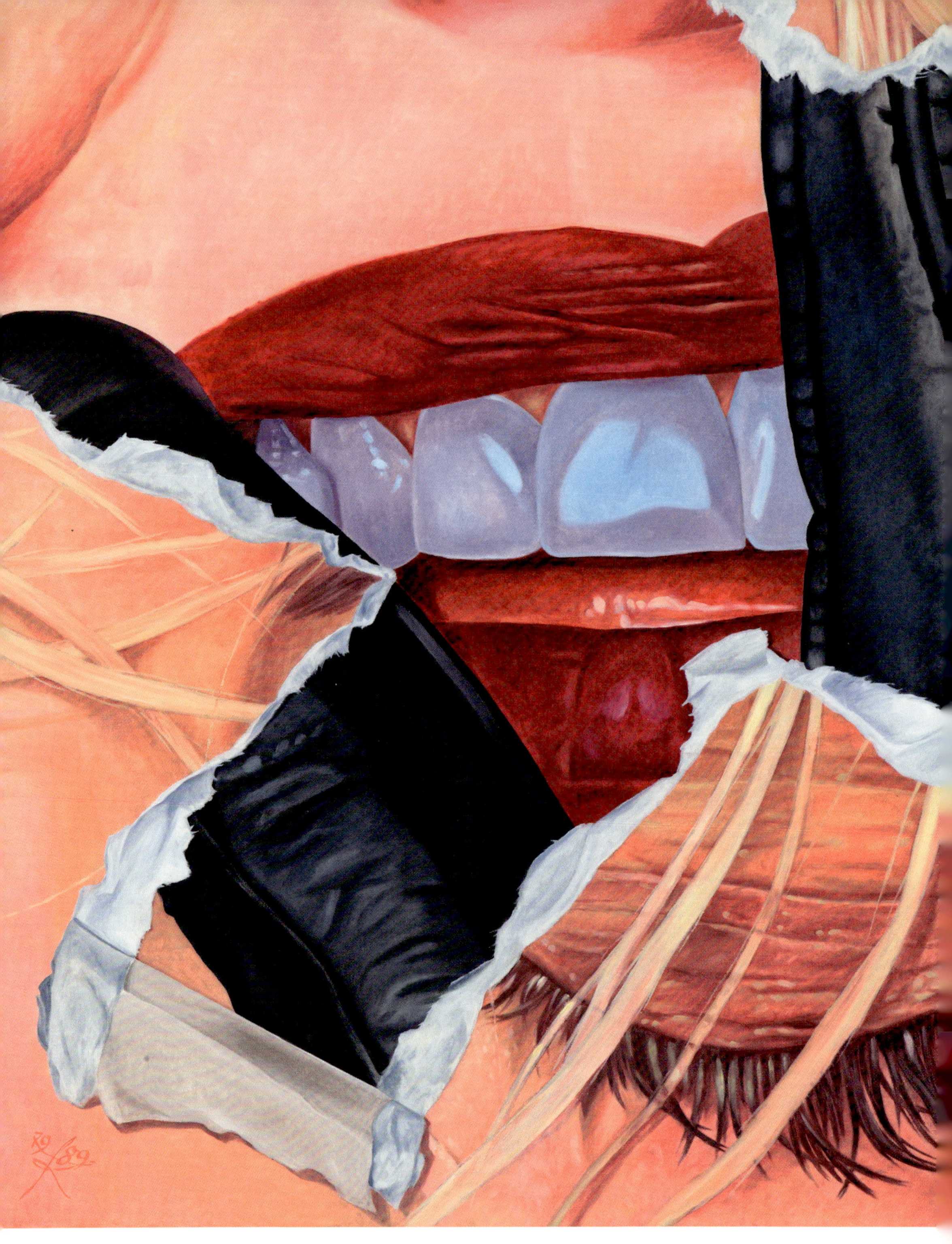

  Der schwarze Handschuh, 1989

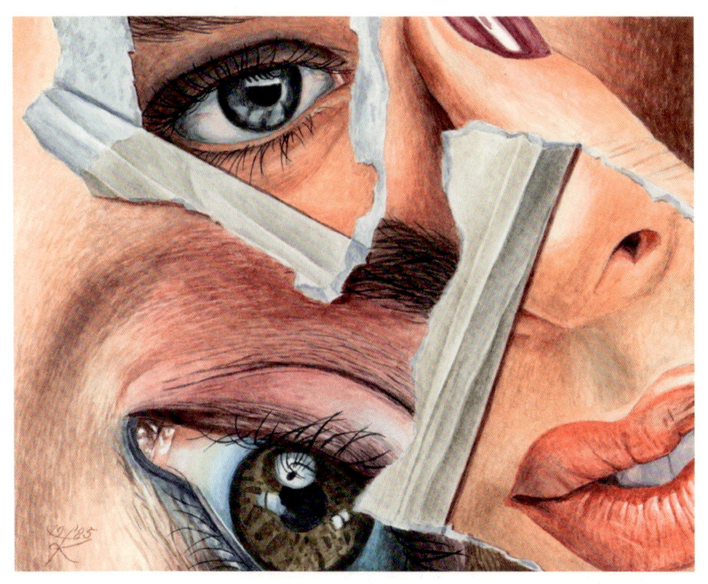

Schräg gegen schräg, 1985   21

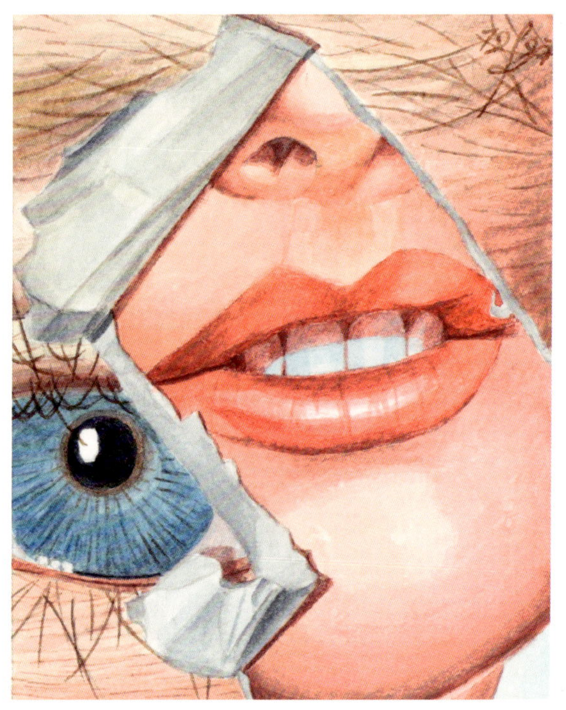

22   *Blaues Auge, links*, 1997

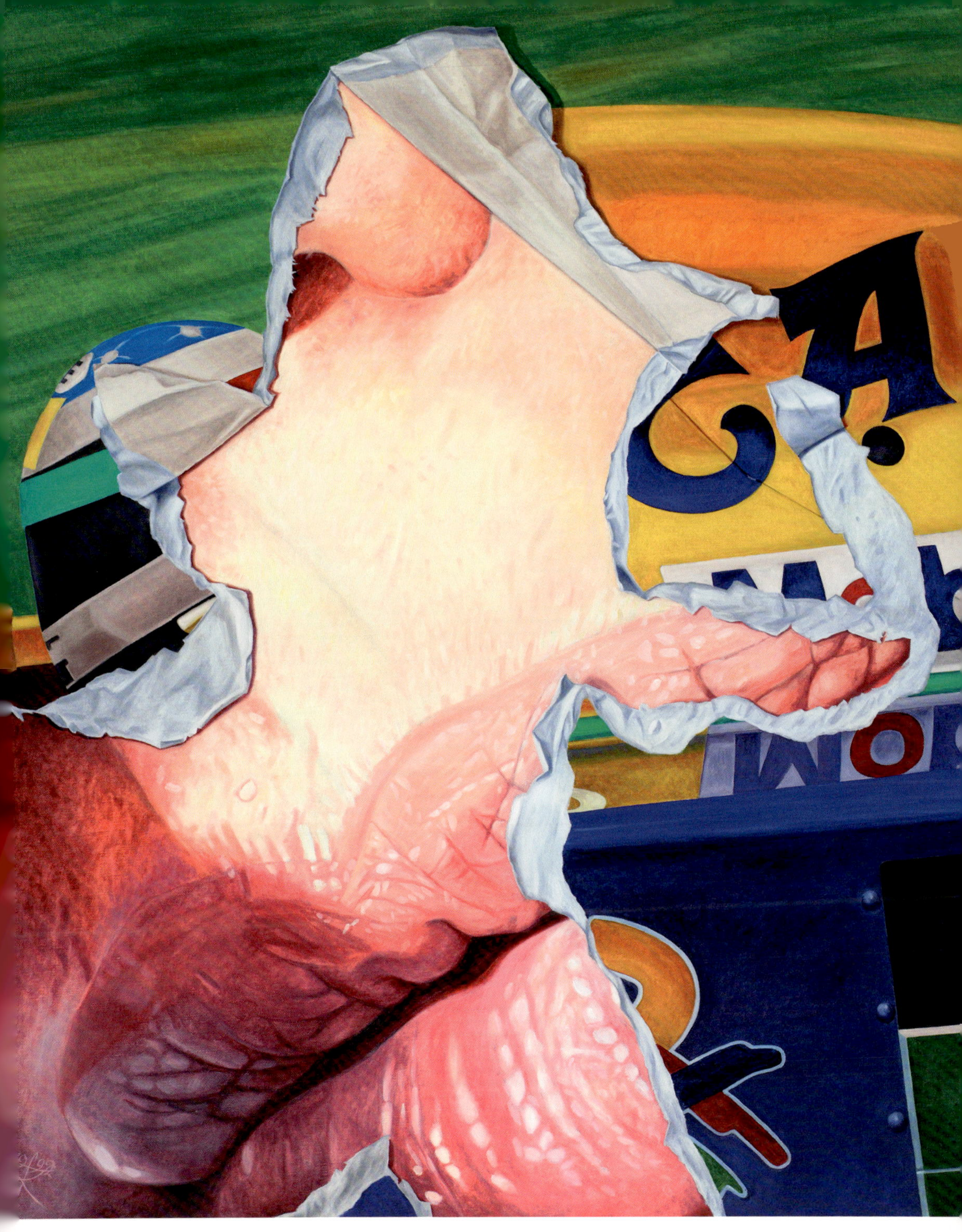

Mobil, 1992
▶▶ *Camel*, 1987   23

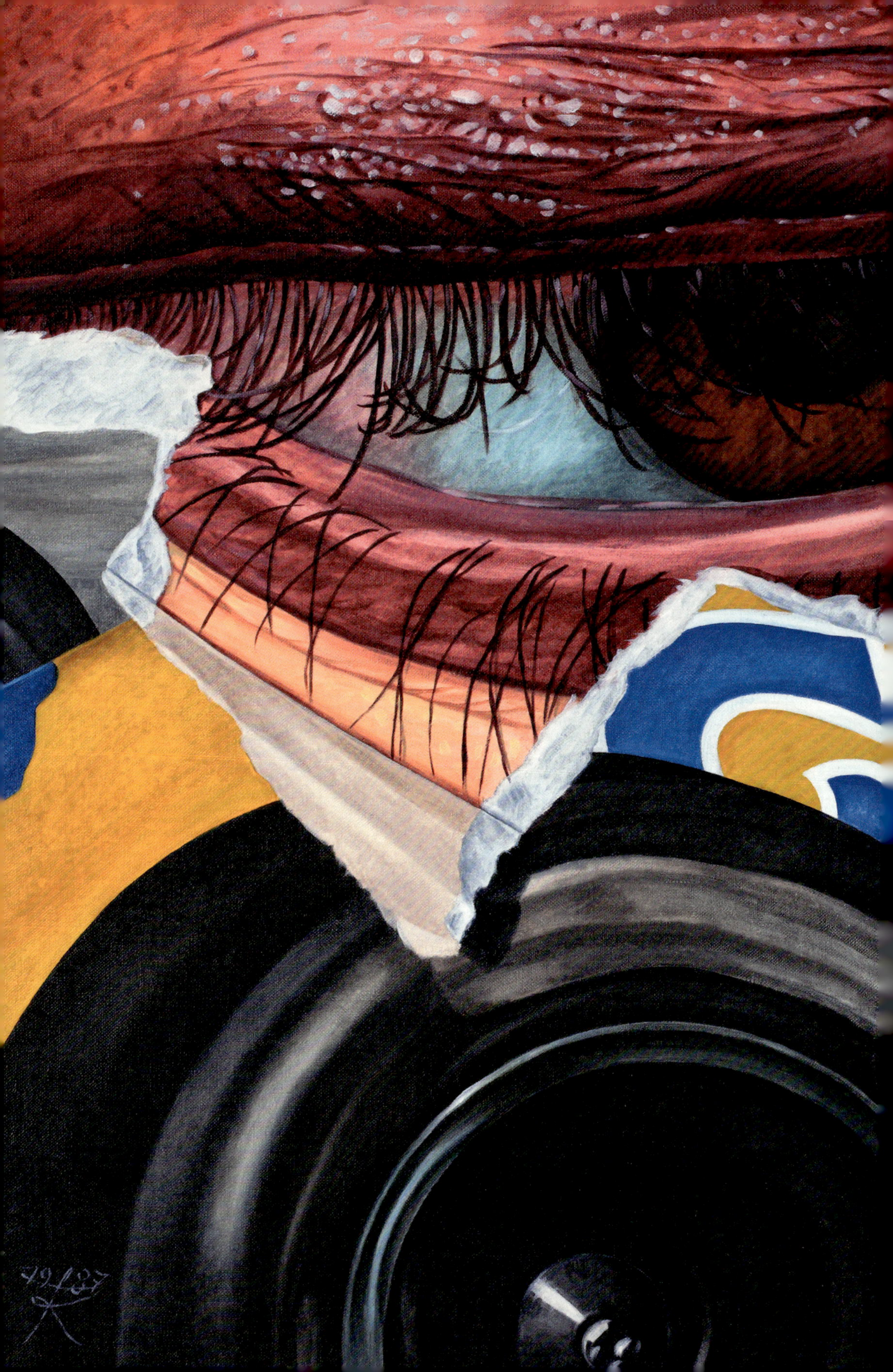

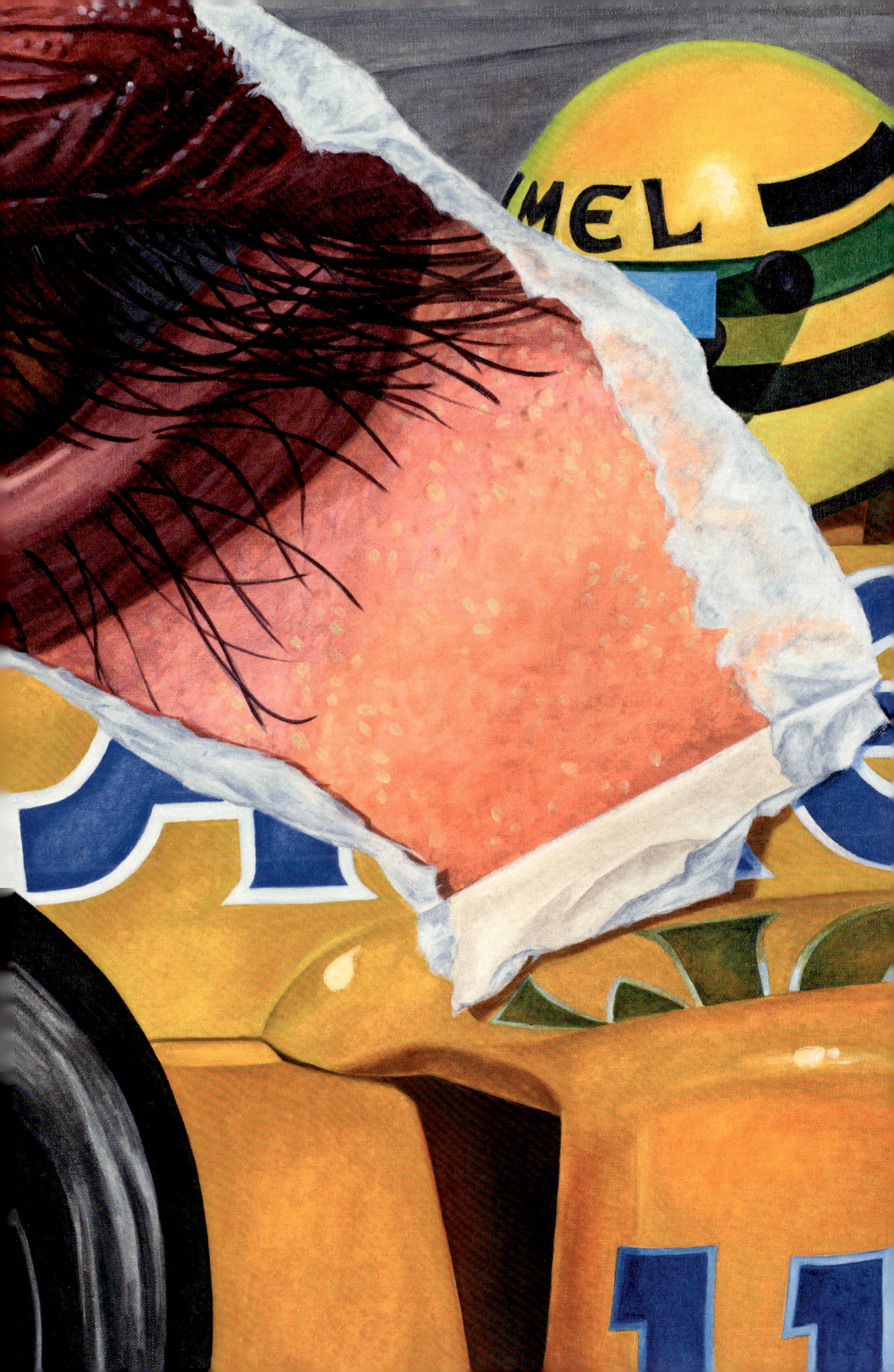

MEL
11

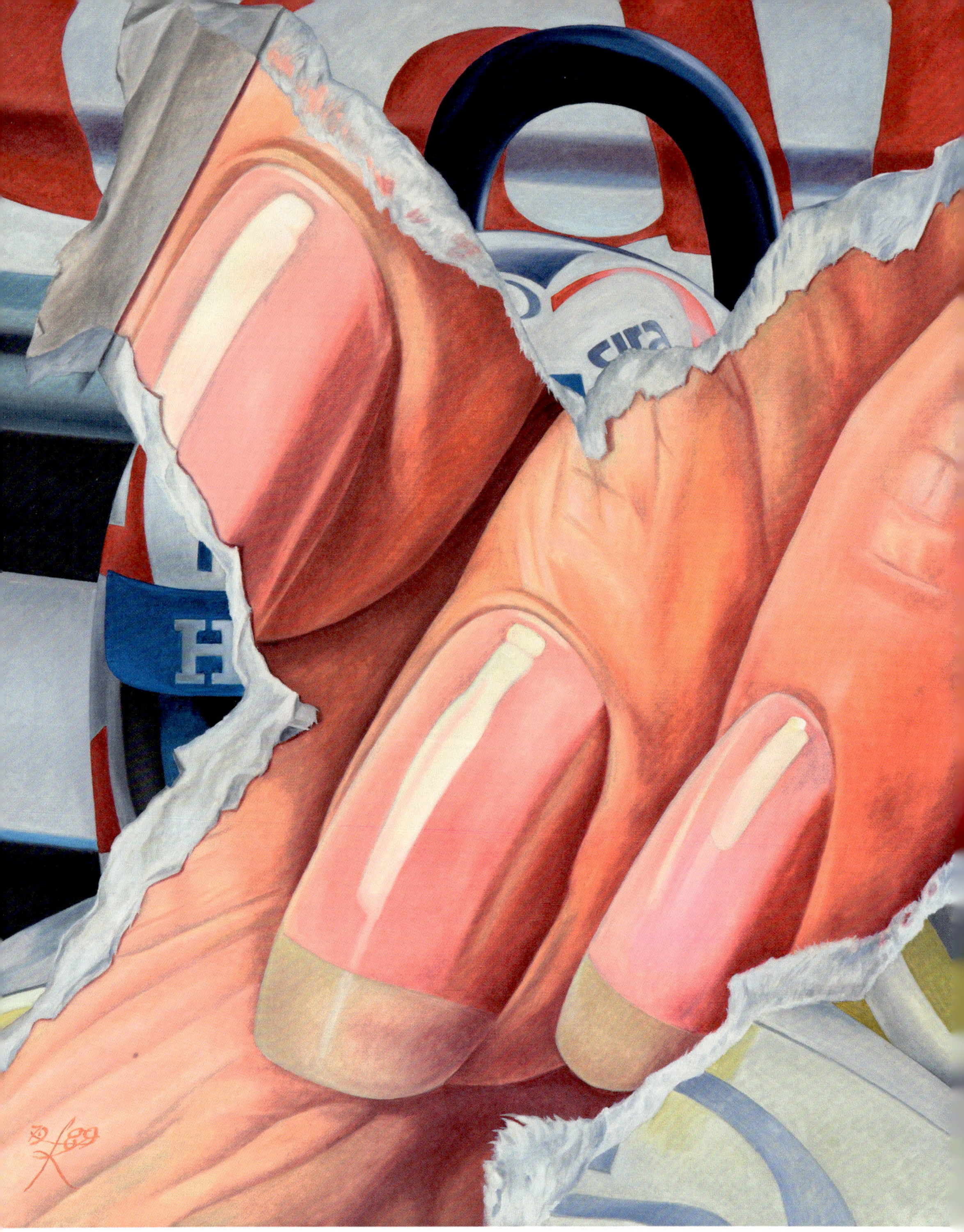

 Rosa Fingernägel, 1989

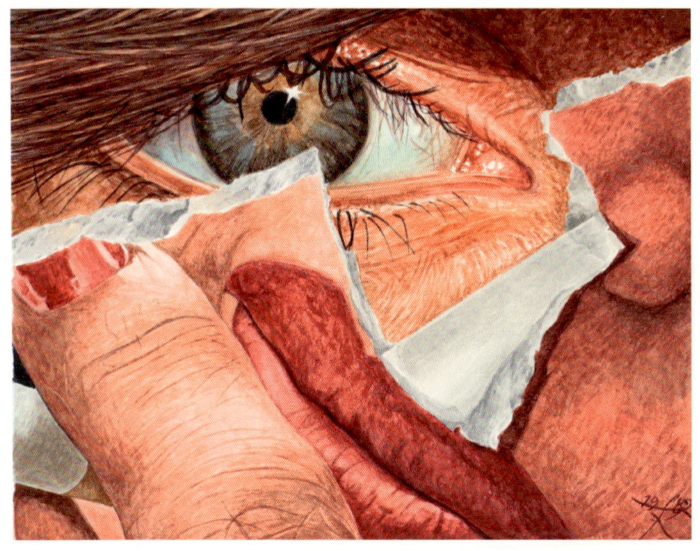

Die Zigarette, 1982

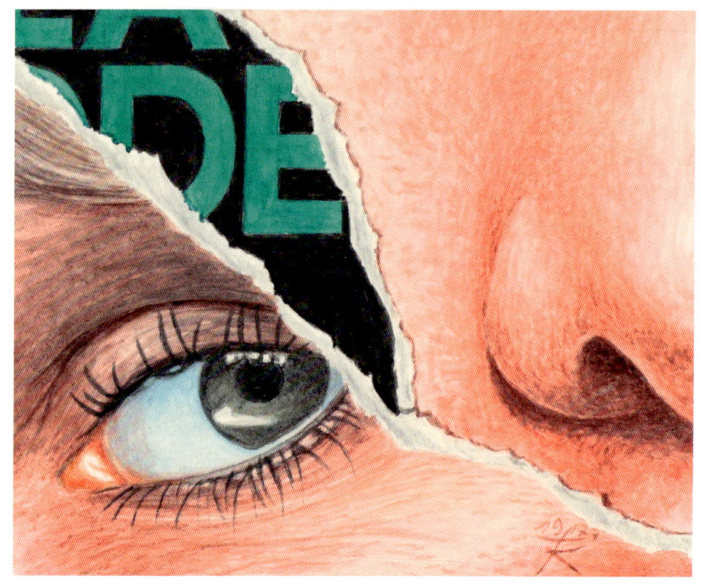

28   *DE*, 1977

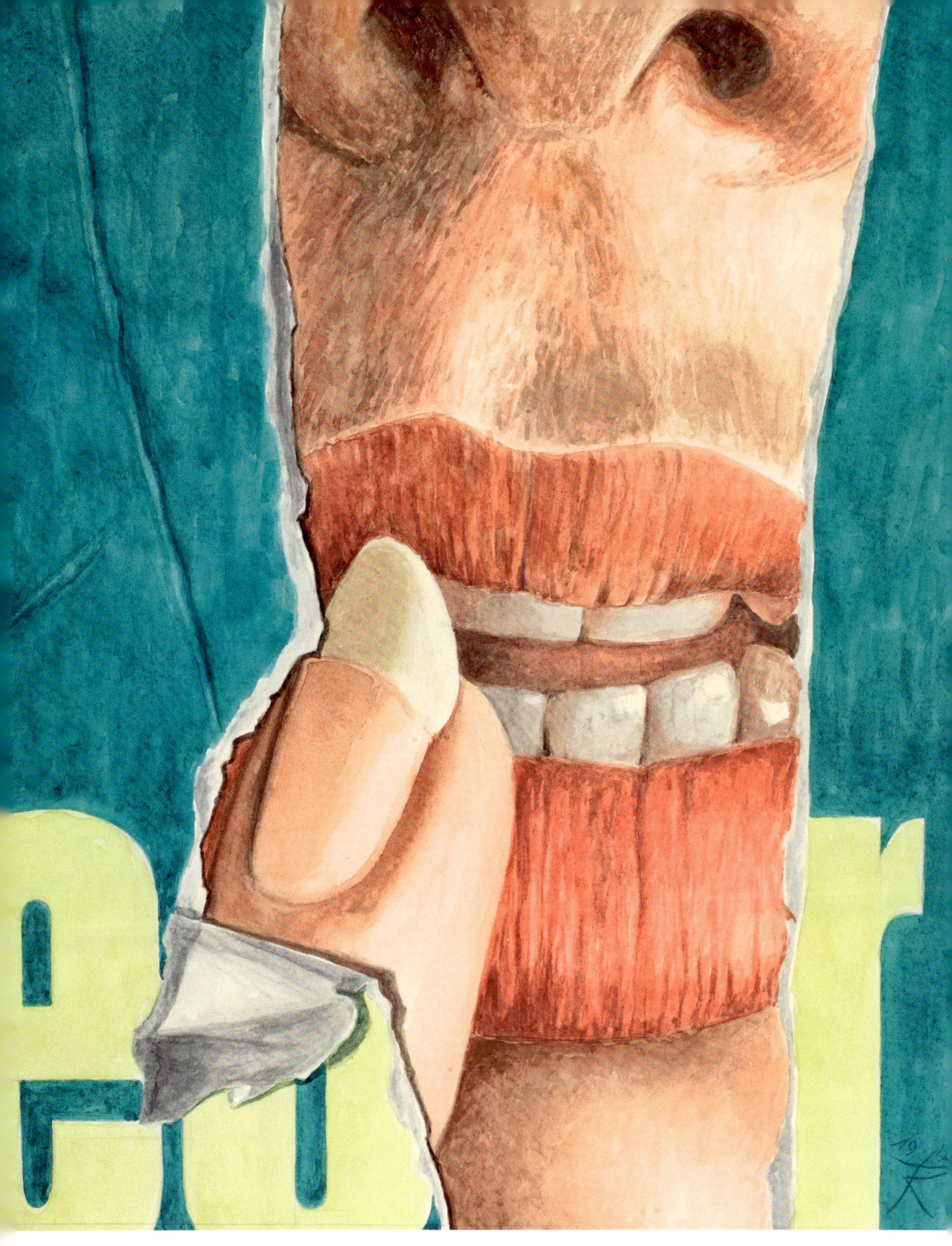

e, 1975
▶▶ Zerrissener Apfel, 1982

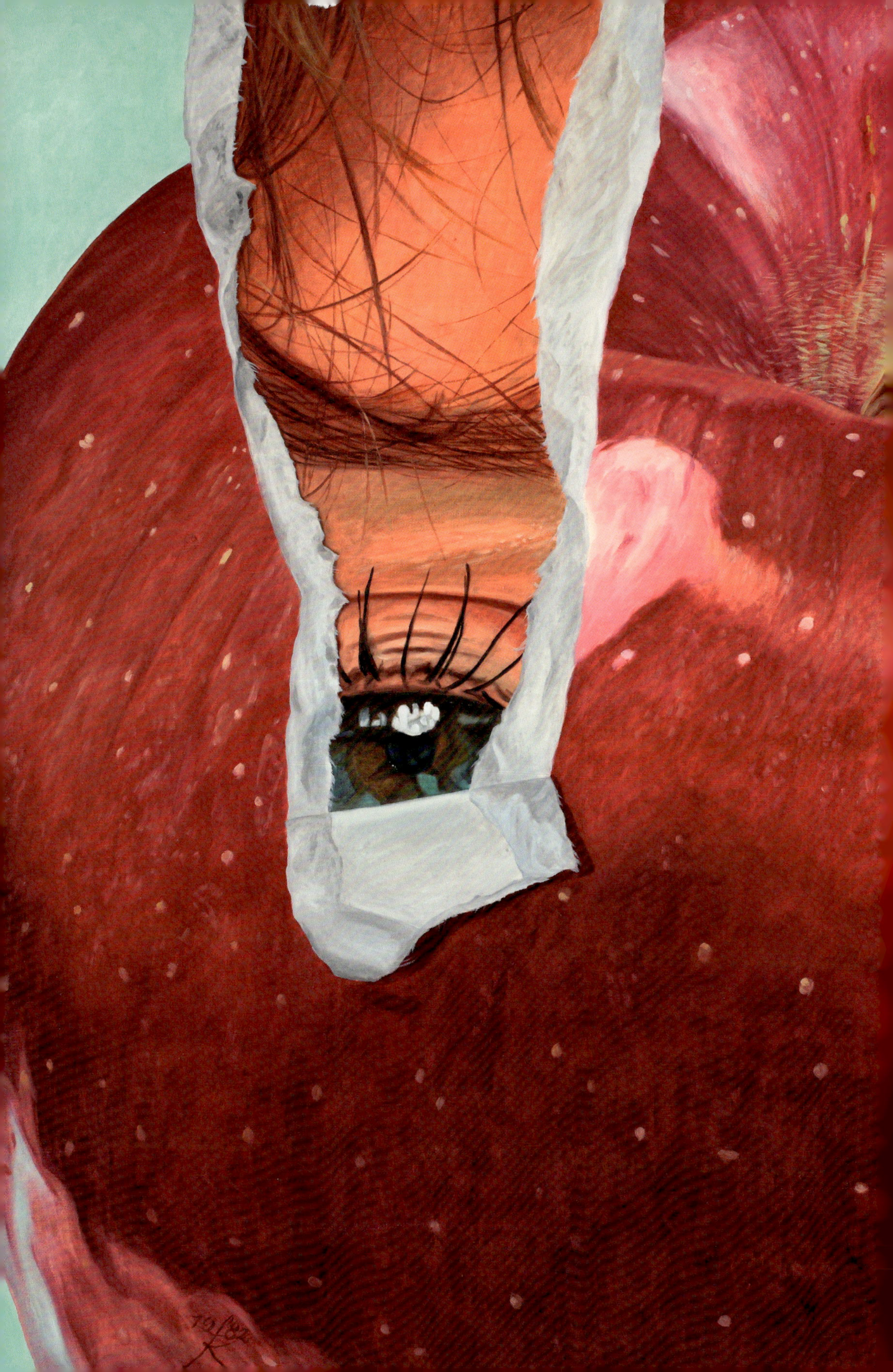

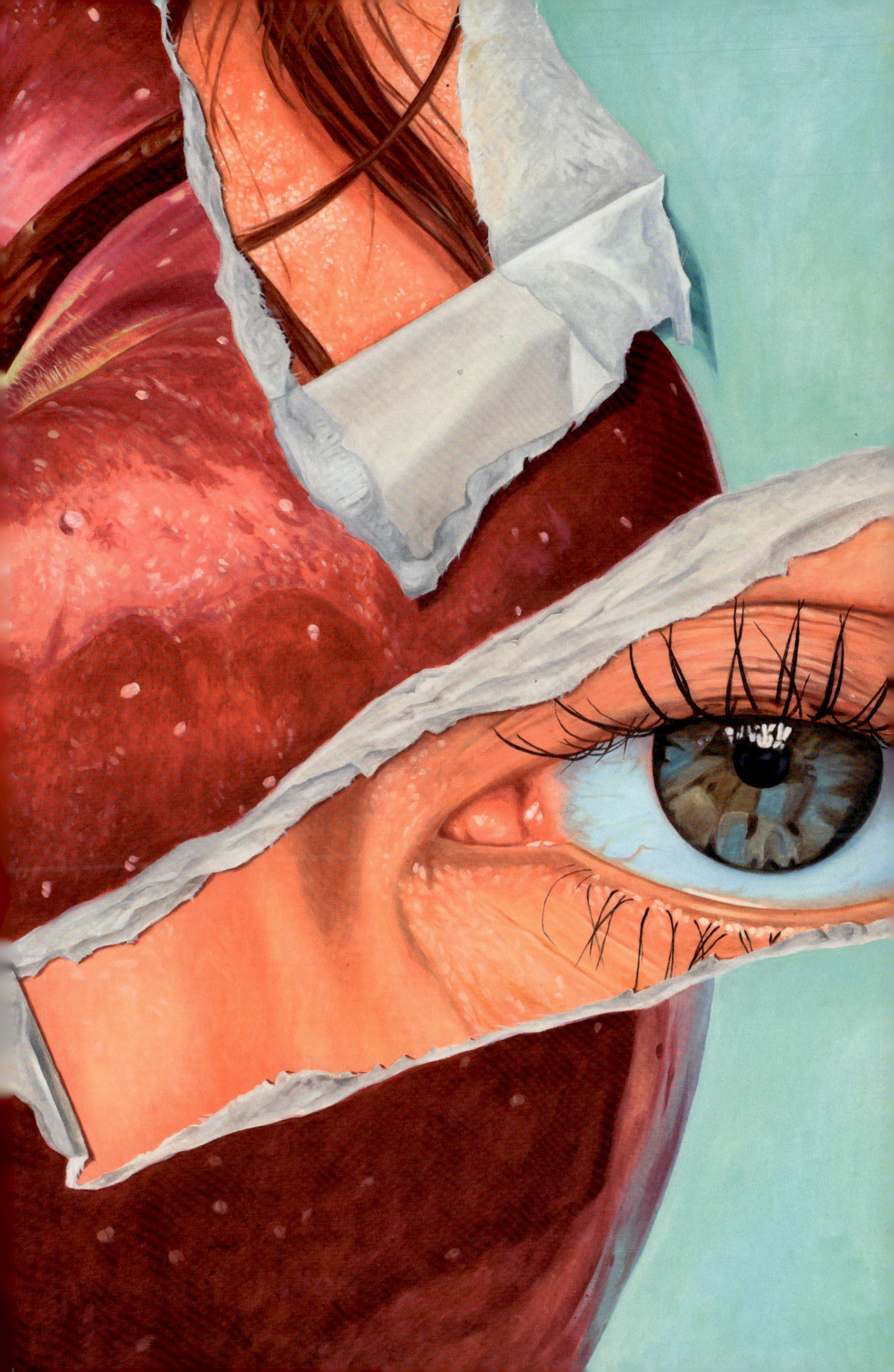

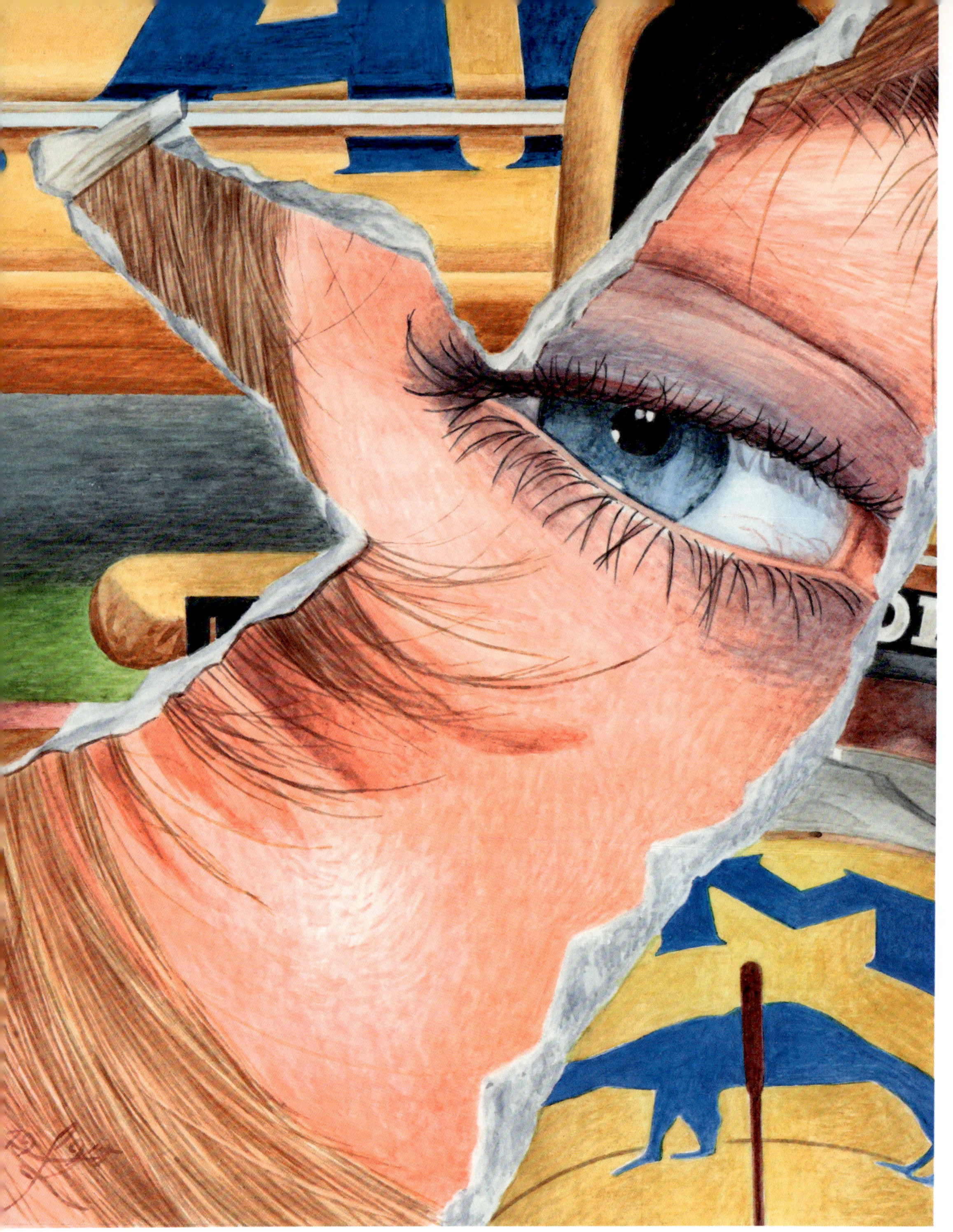

   Camel, 1990

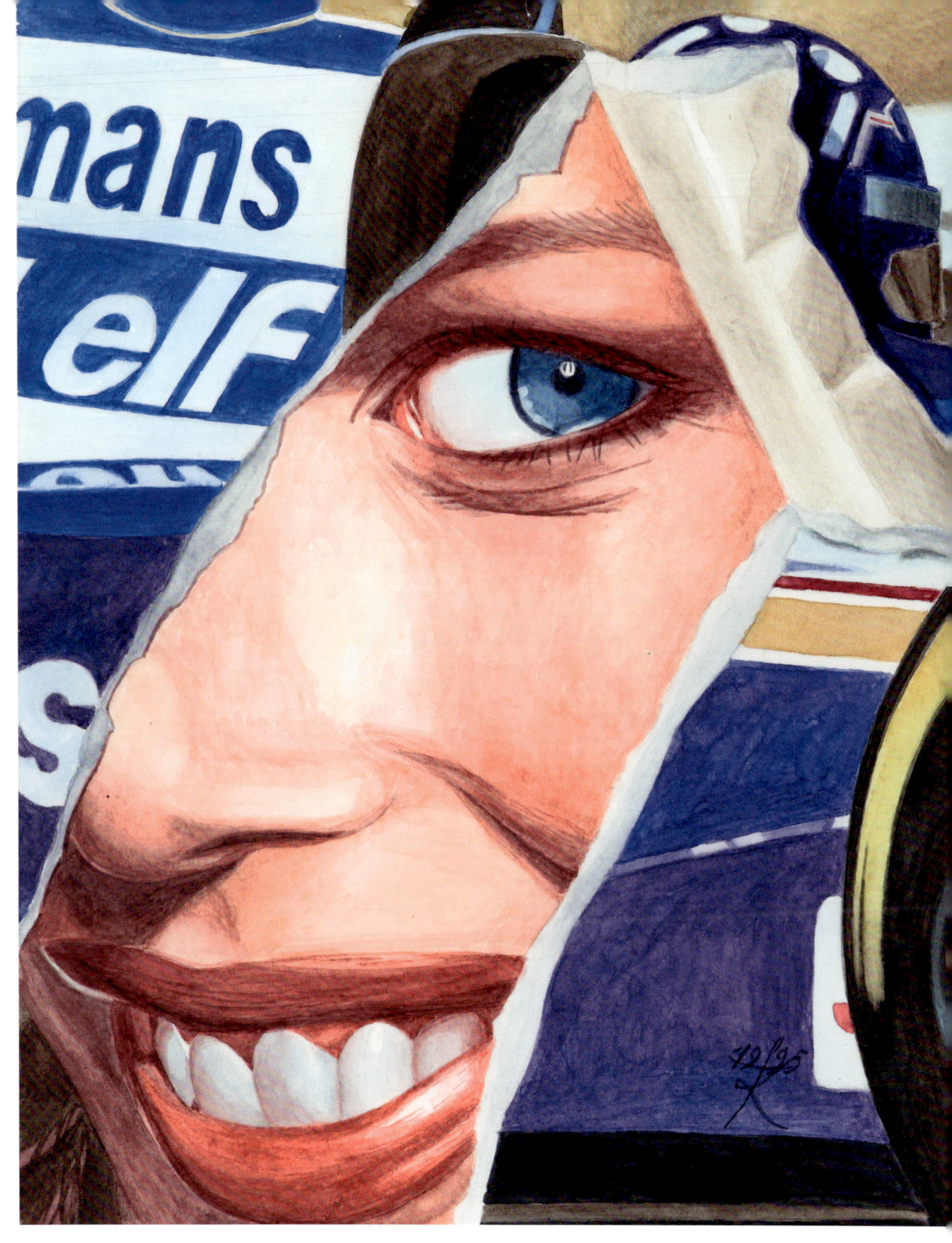

Claudia, 1995

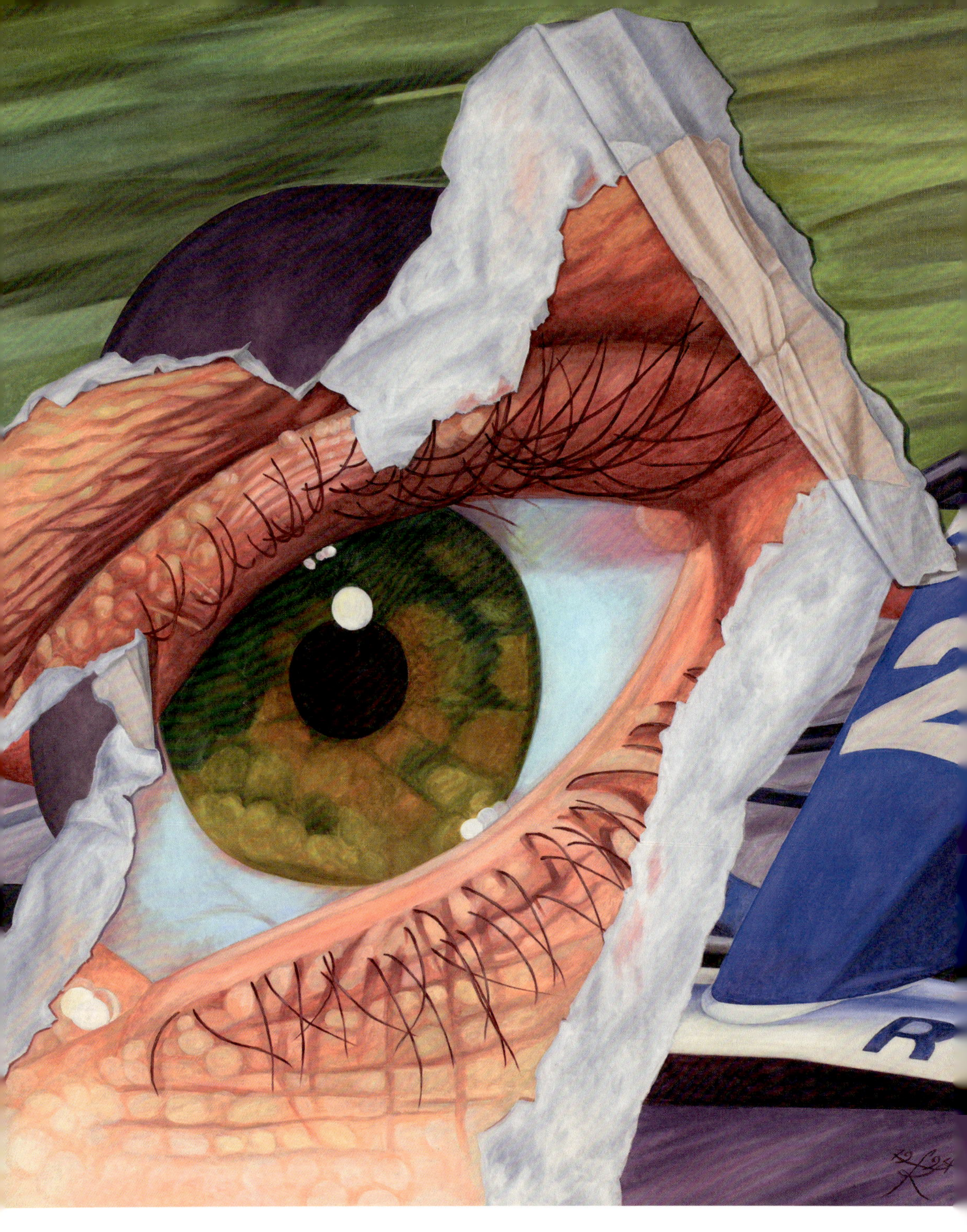

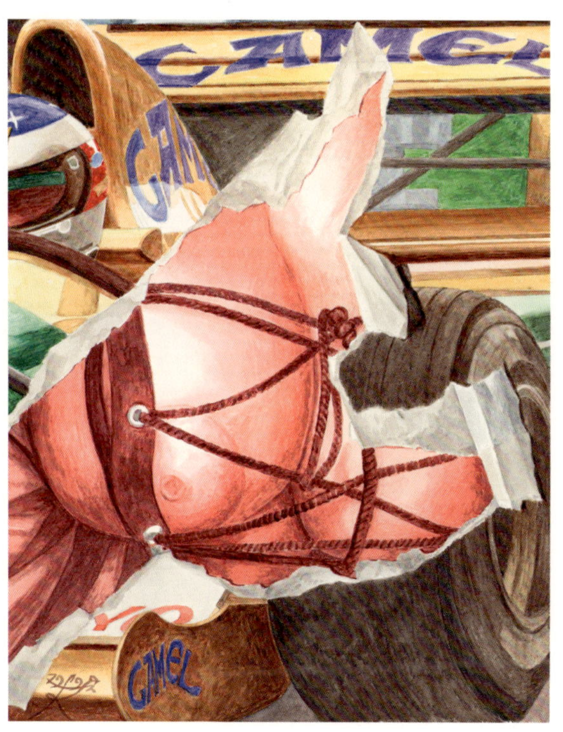

CAMEL
CAMEL
Camel

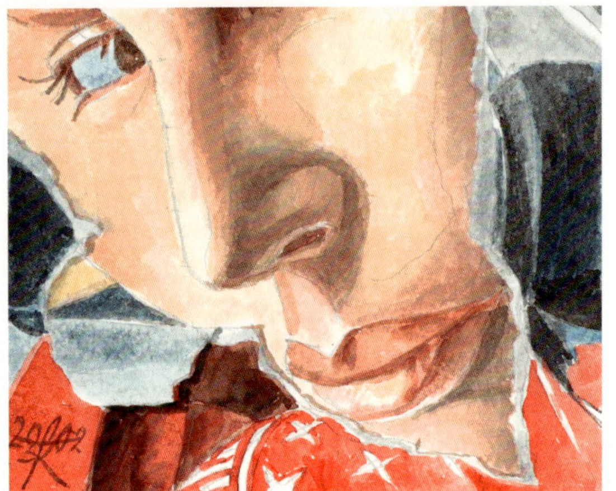
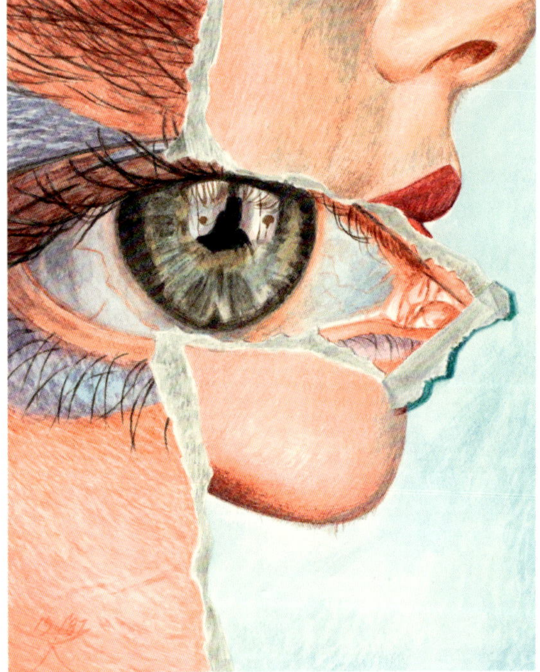
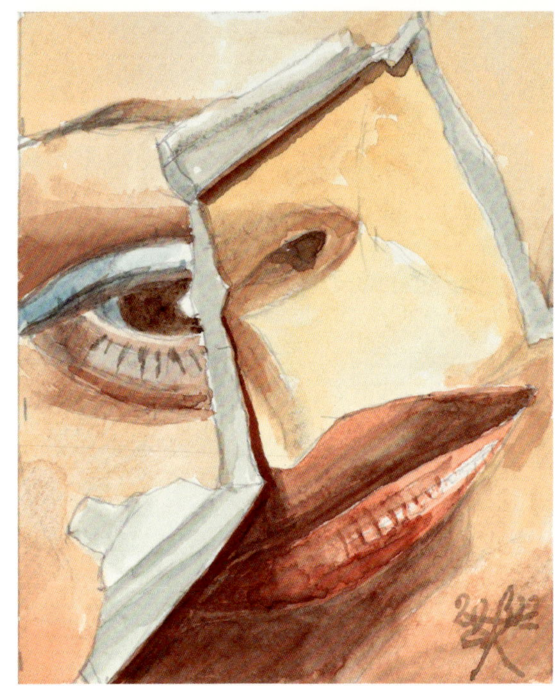
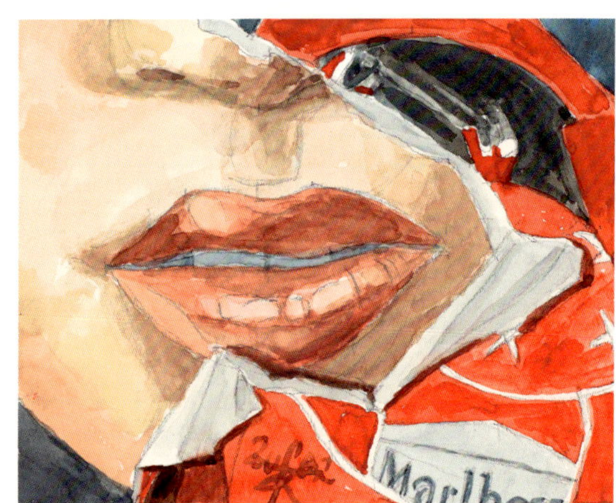
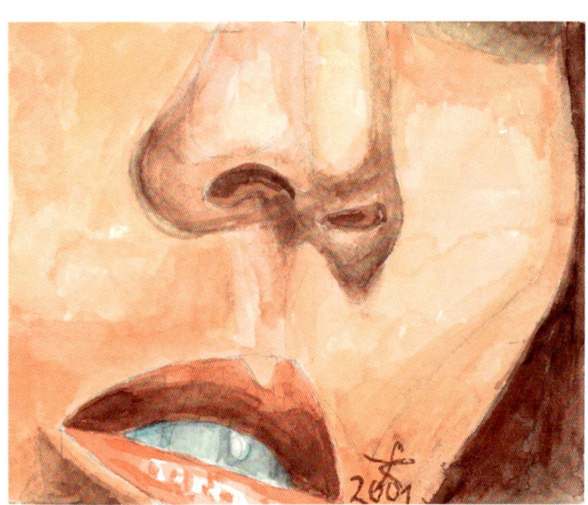

Im Uhrzeigersinn von links oben /
clockwise from upper left:
Schräges Gesicht, 2002
Schräger Mund, 2002
Marlboro, 2002
Roter Mund, 2002
Nach Rechts, 1981

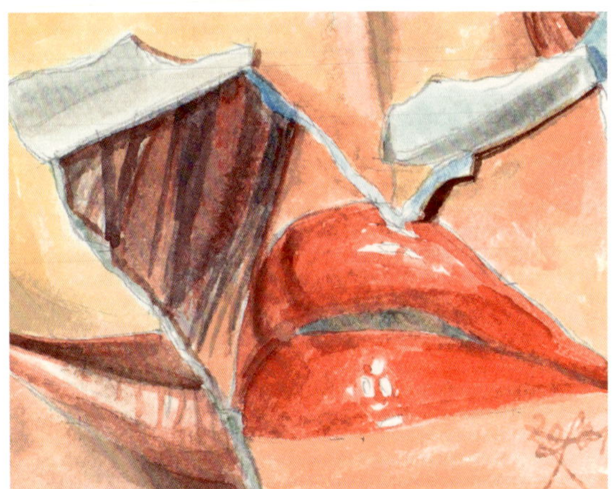

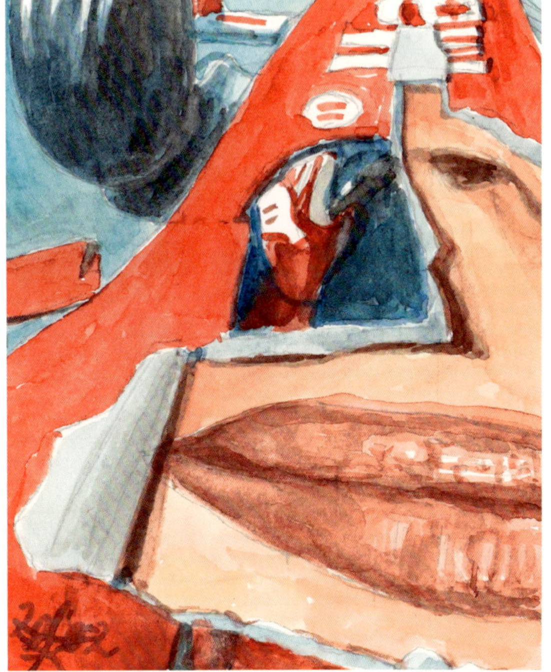

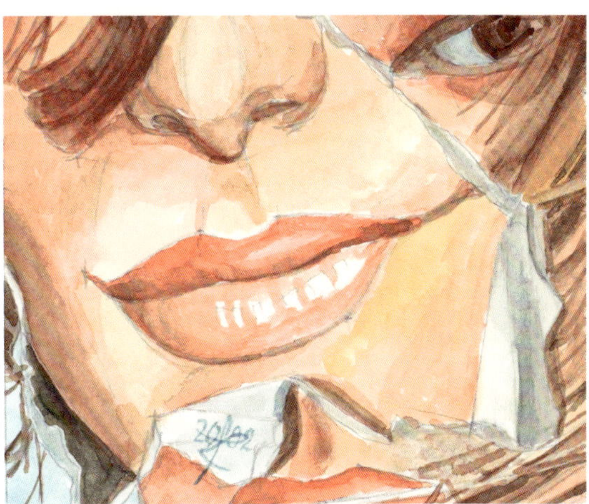

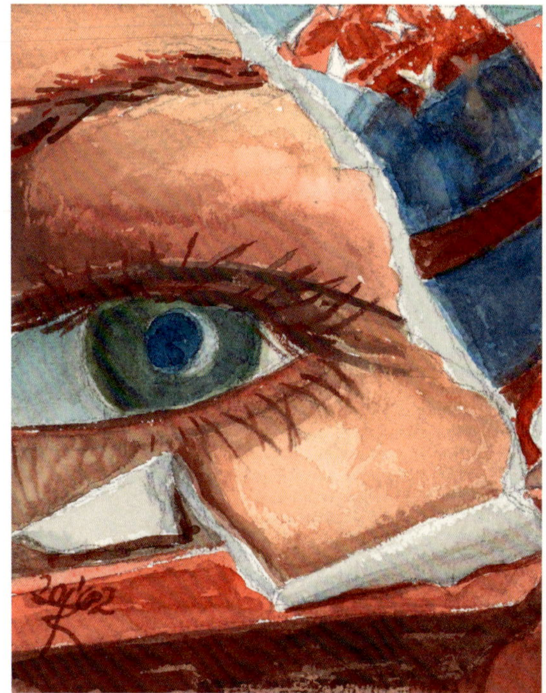

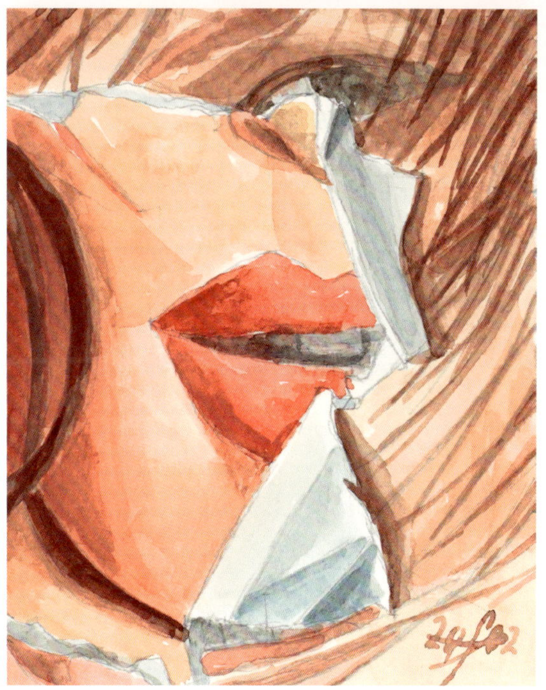

Im Uhrzeigersinn von links oben /
clockwise from upper left:
Roter Mund, 2001
Grünes Auge, 2002
Erika, 2002
Susi, 2002
Ferrari, 2002

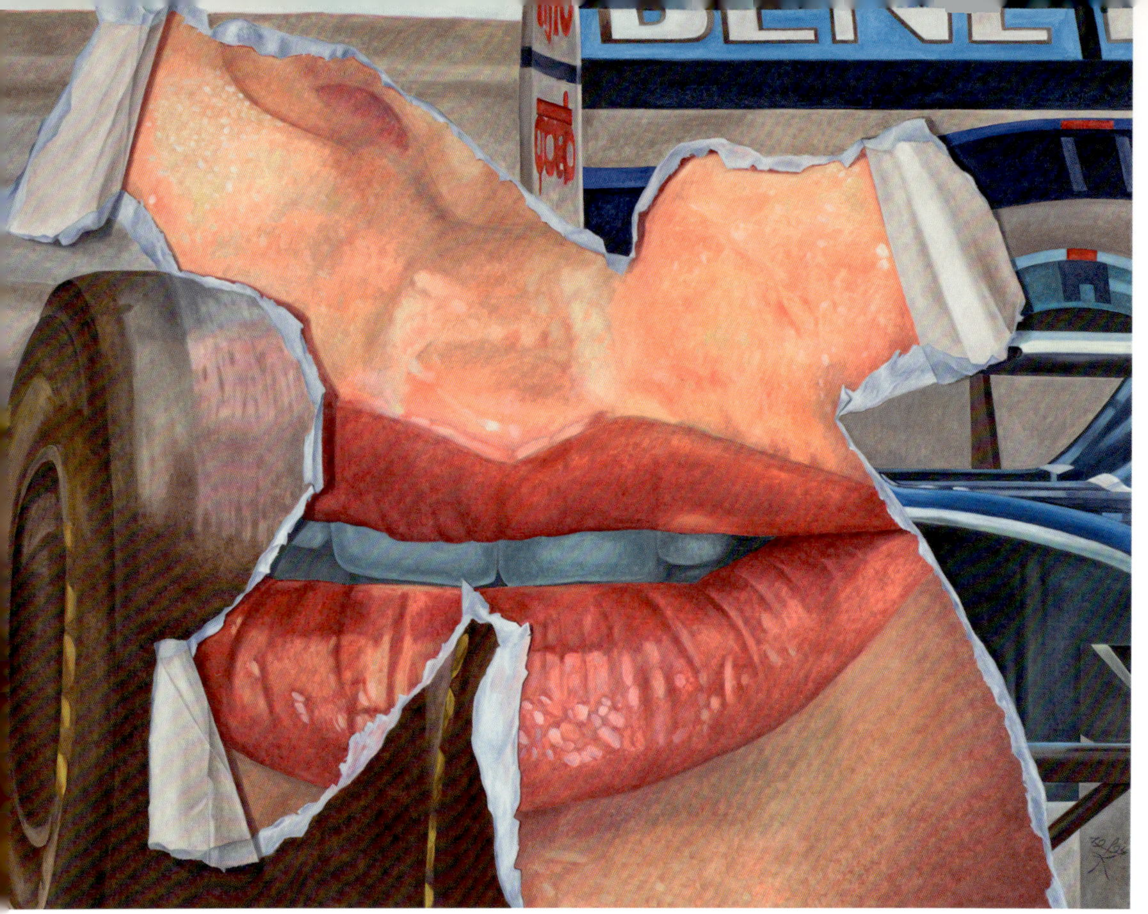

38   *Großer Mund*, 1994

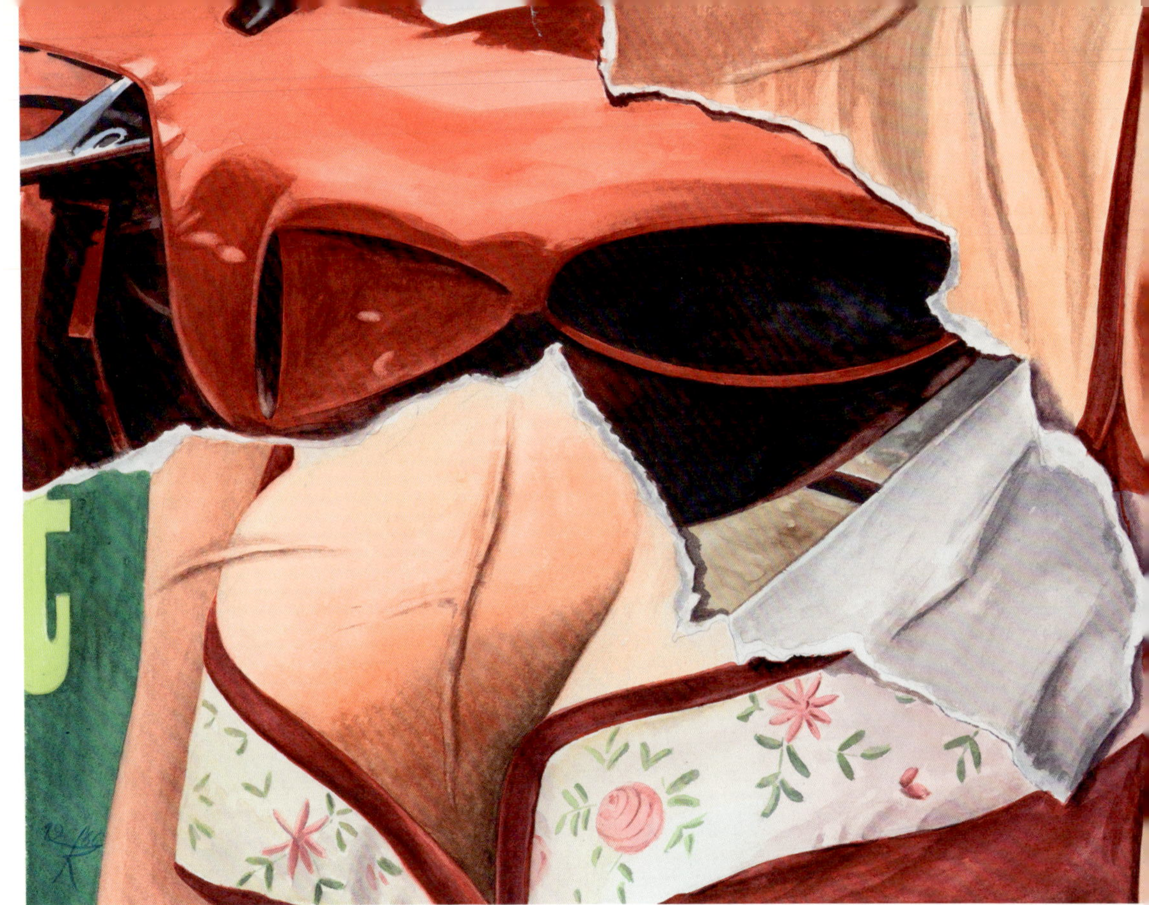

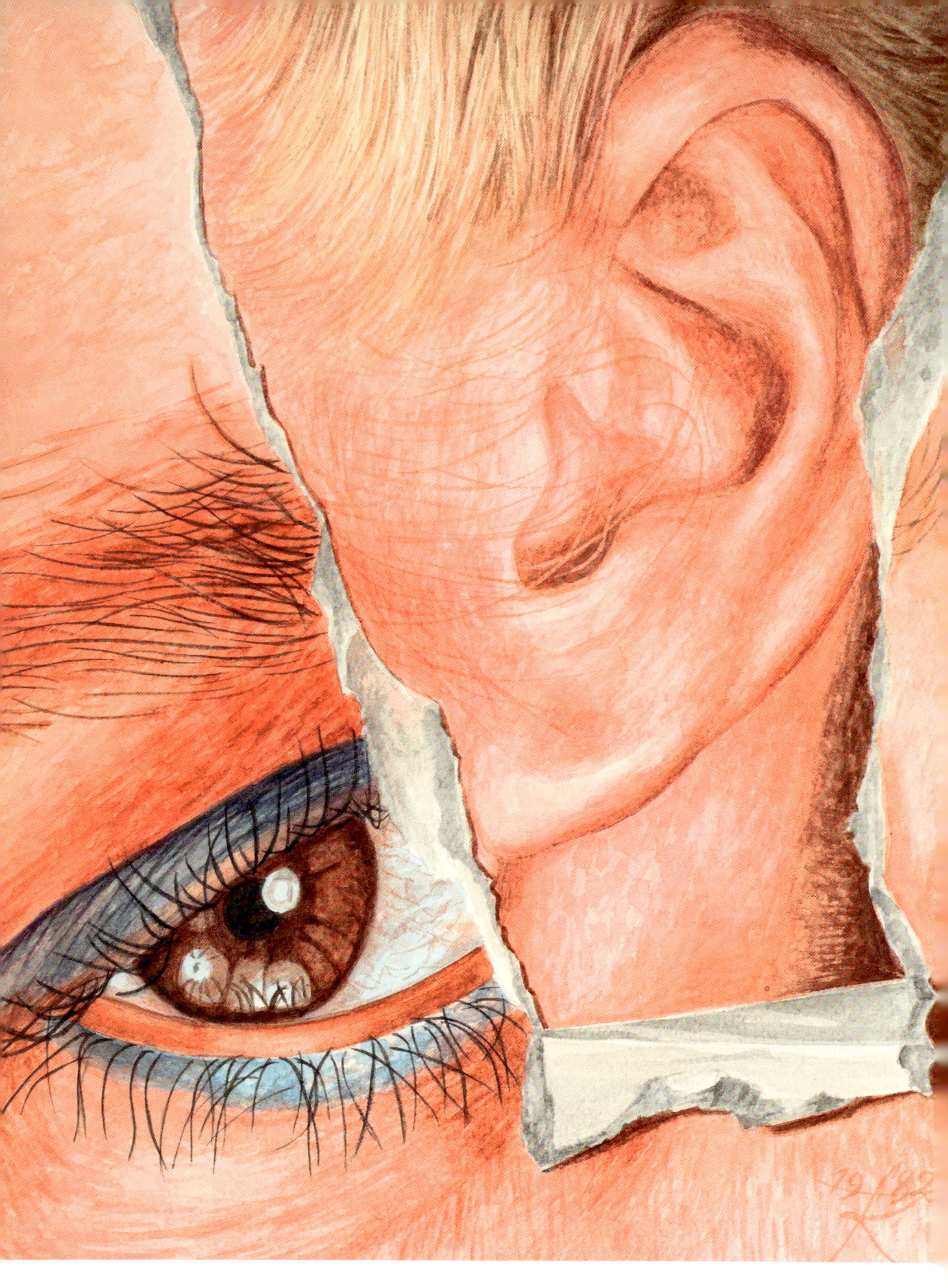

   Das Ohr, 1982

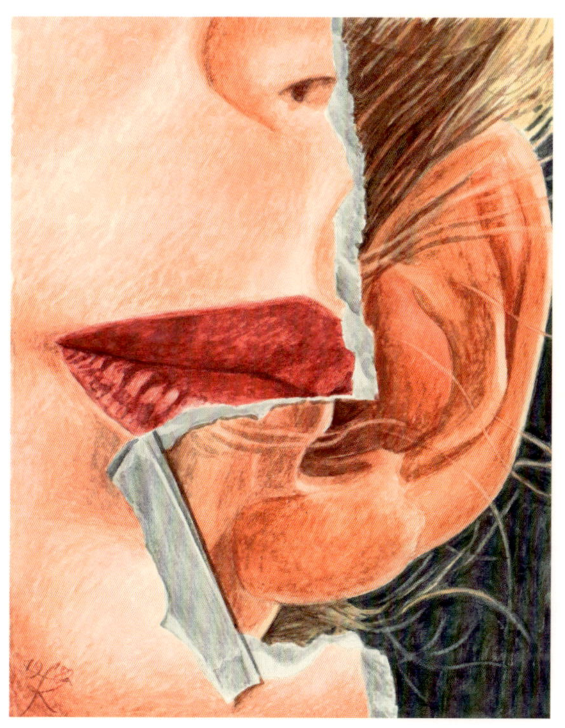

Mund am Ohr, 1982   41

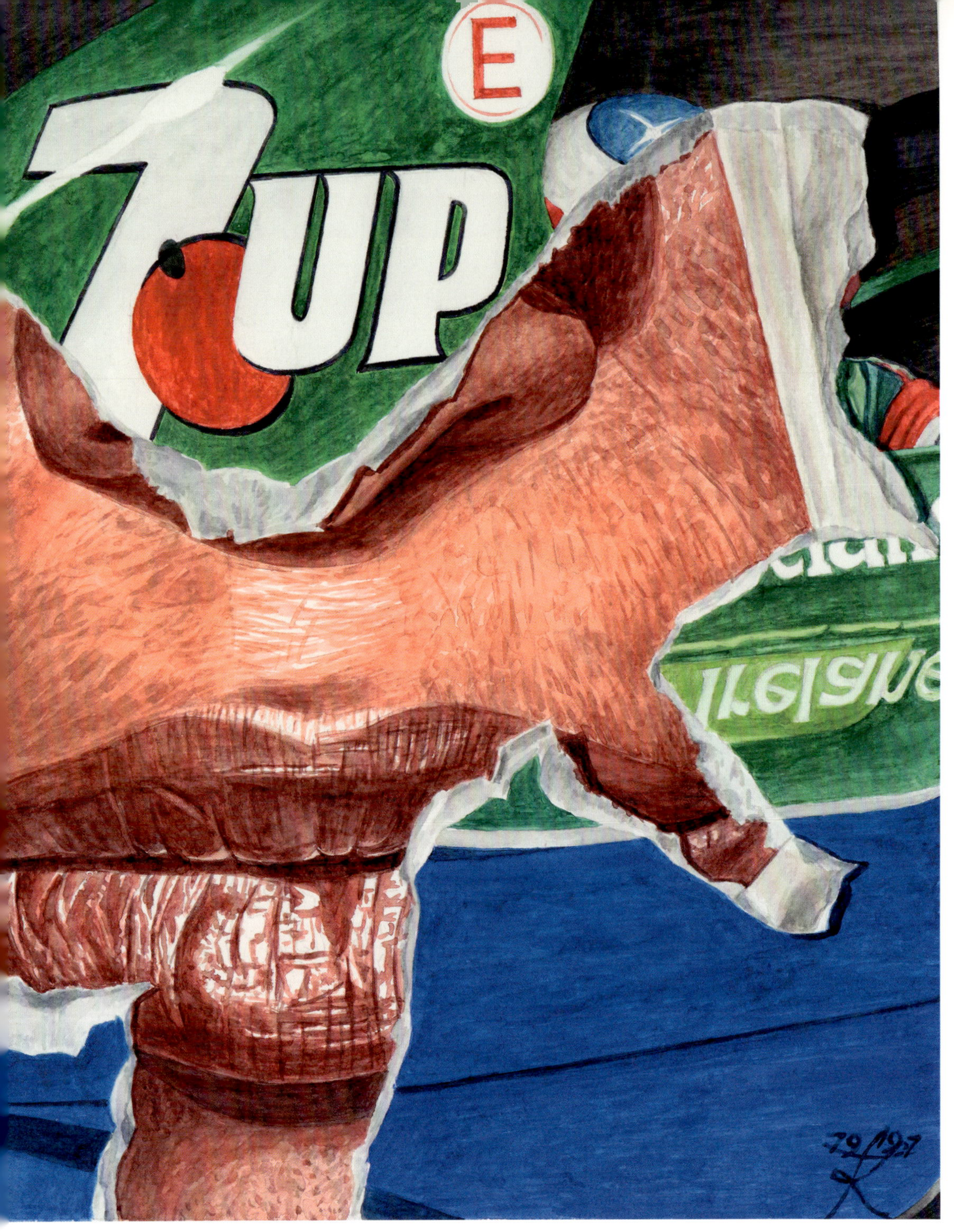

     UP, 1991

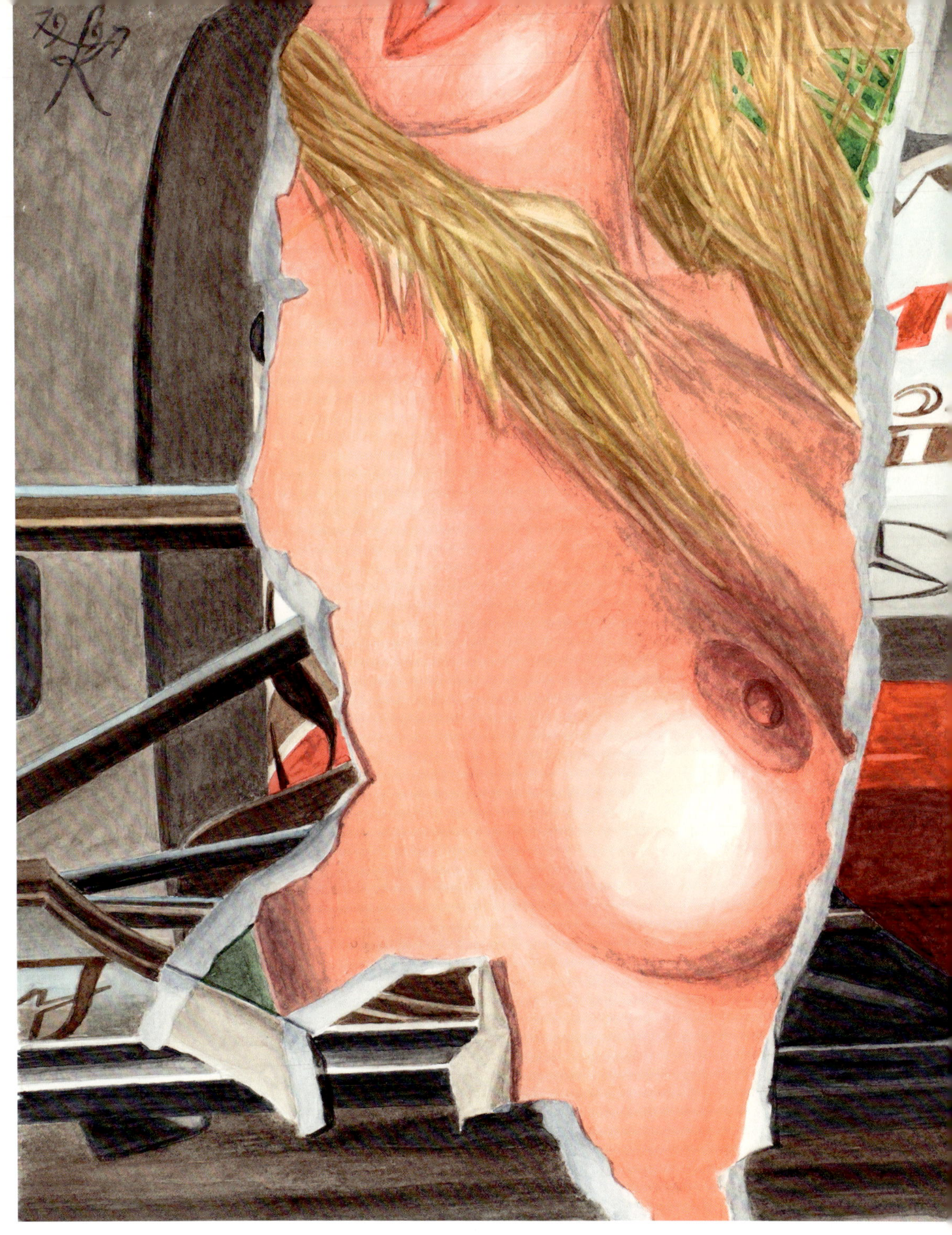

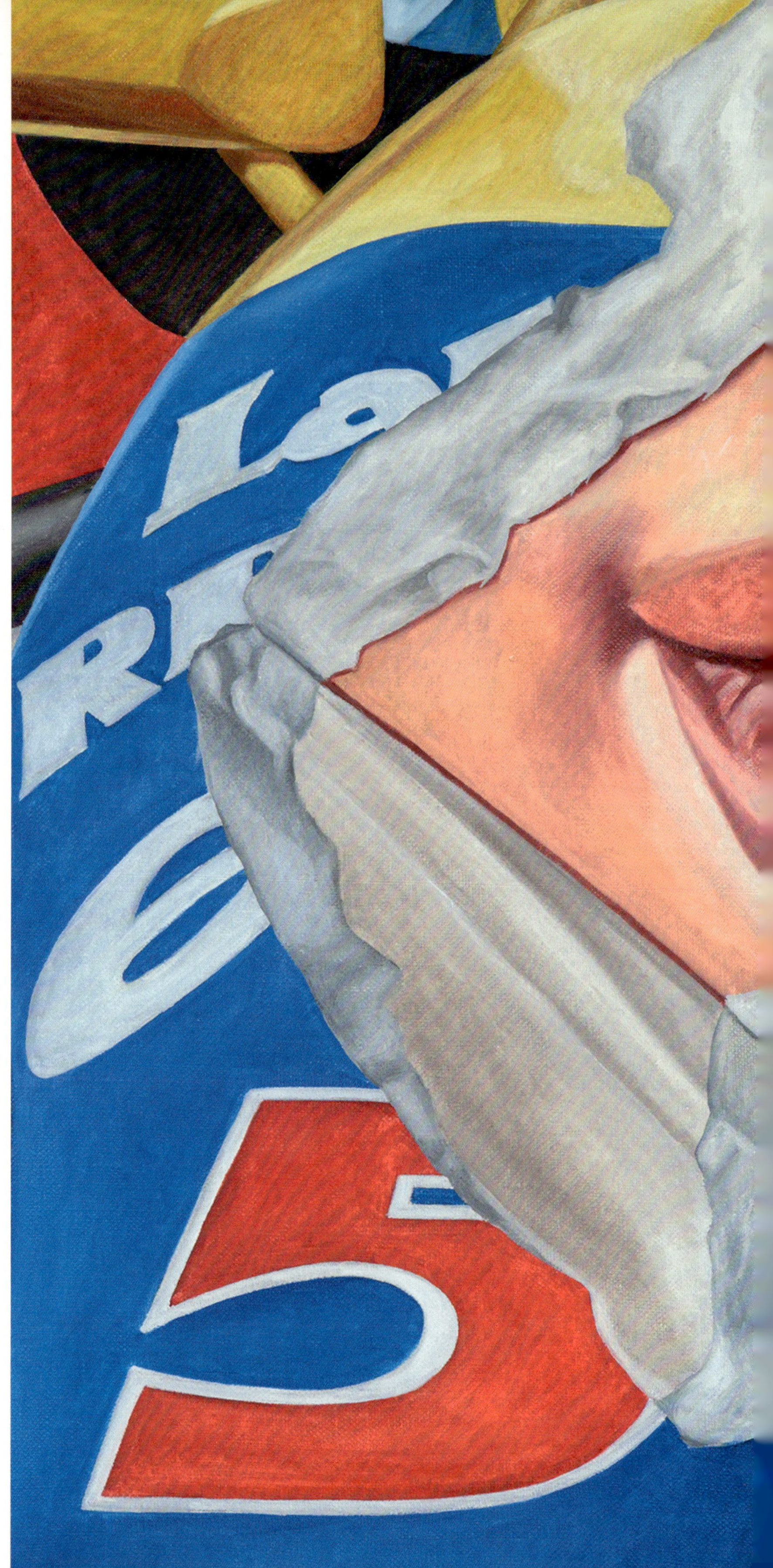

 5, 1993

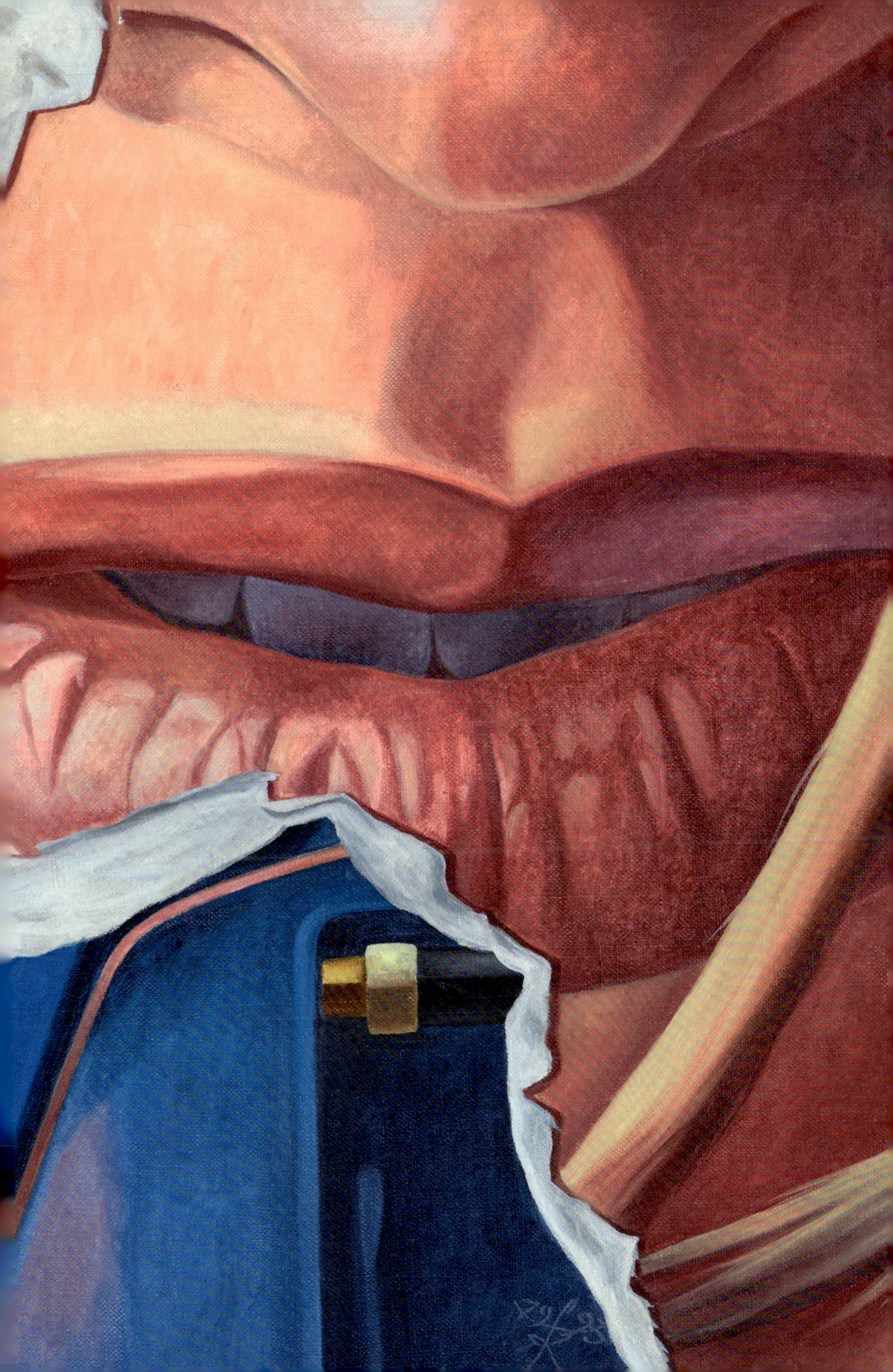

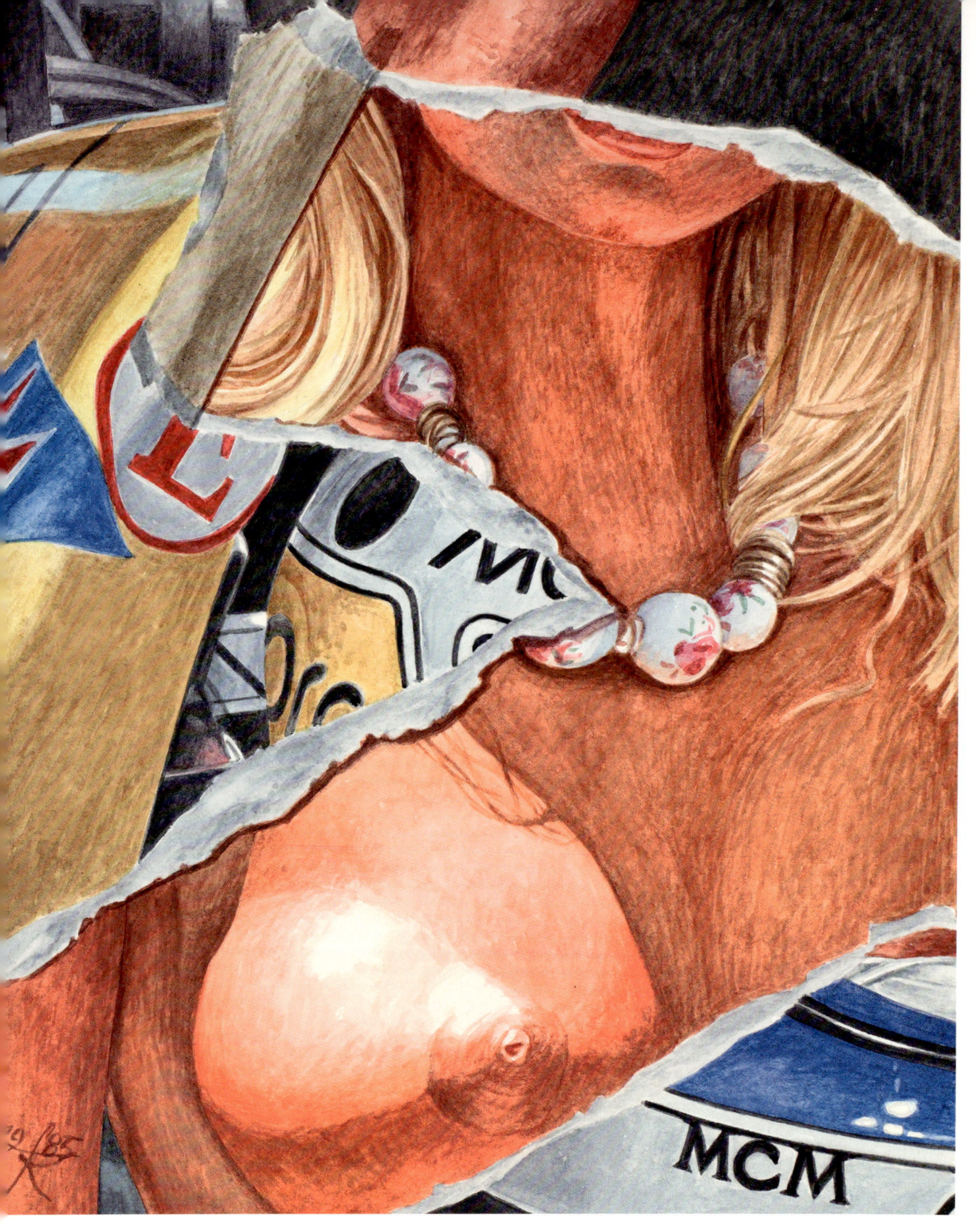

    MCM, 1985

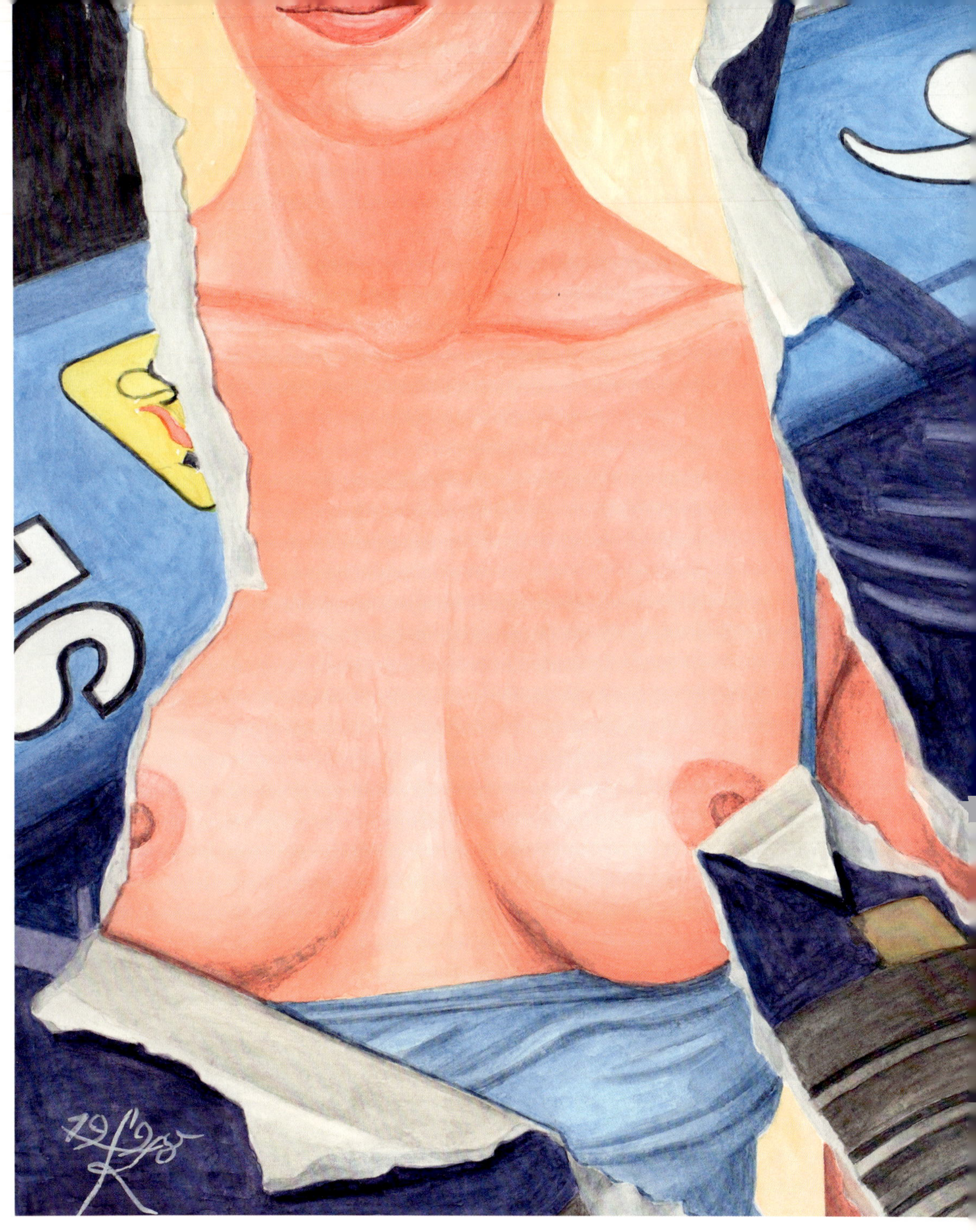

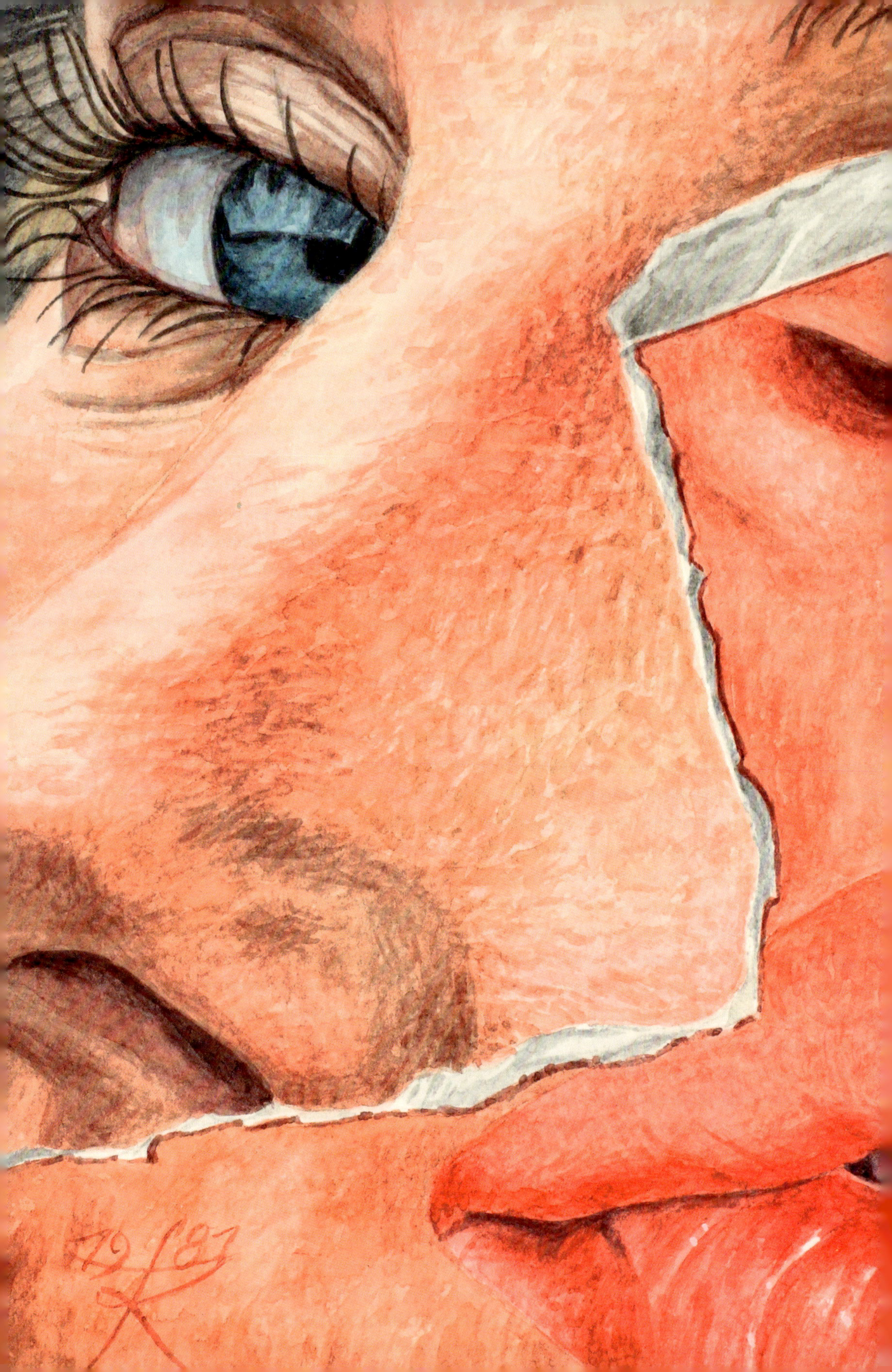

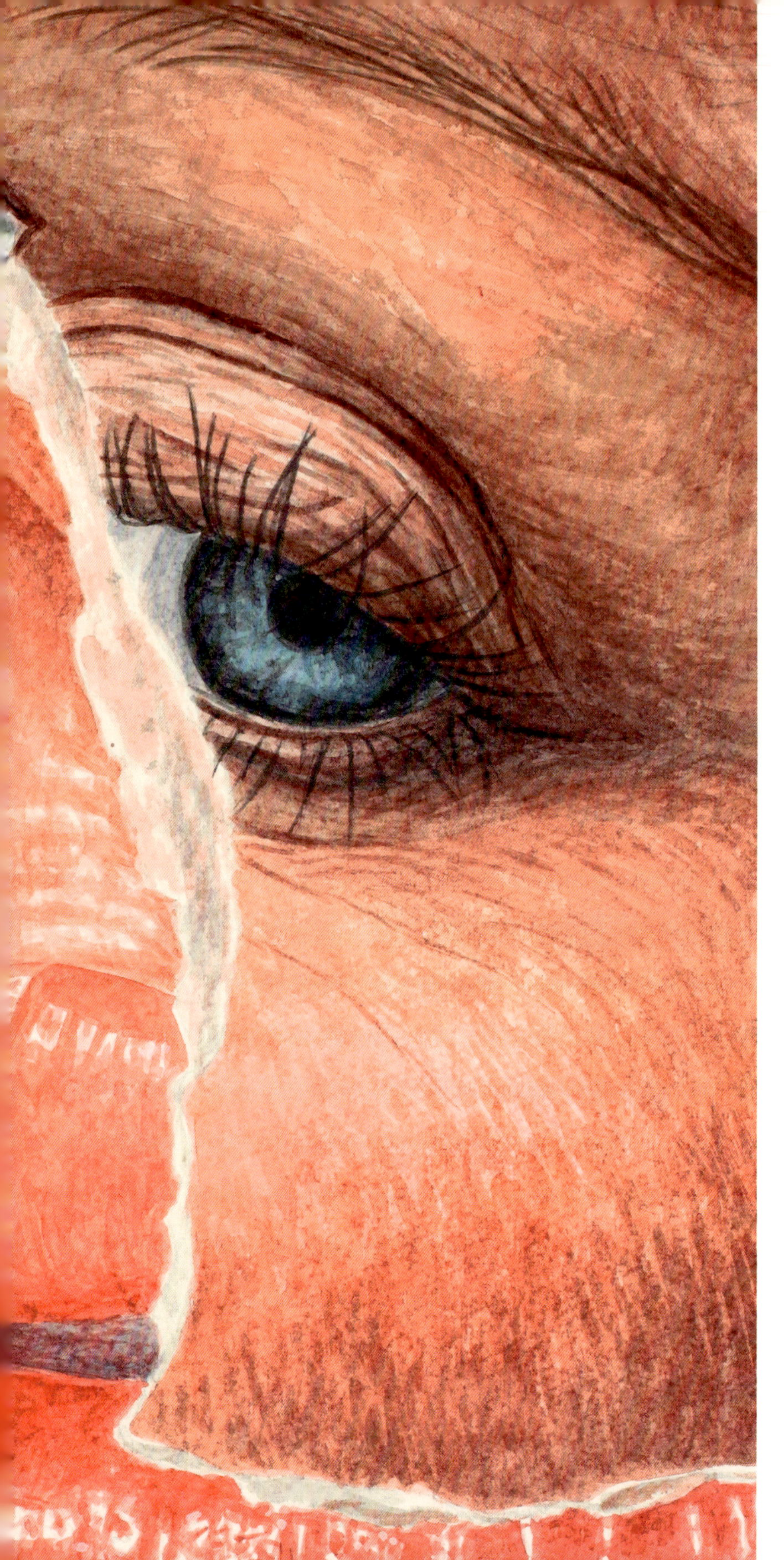

Mund und
Augen, 1981   49

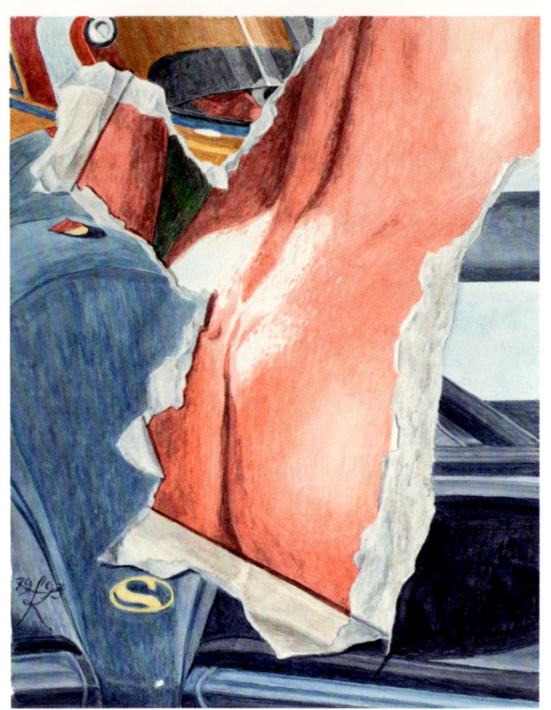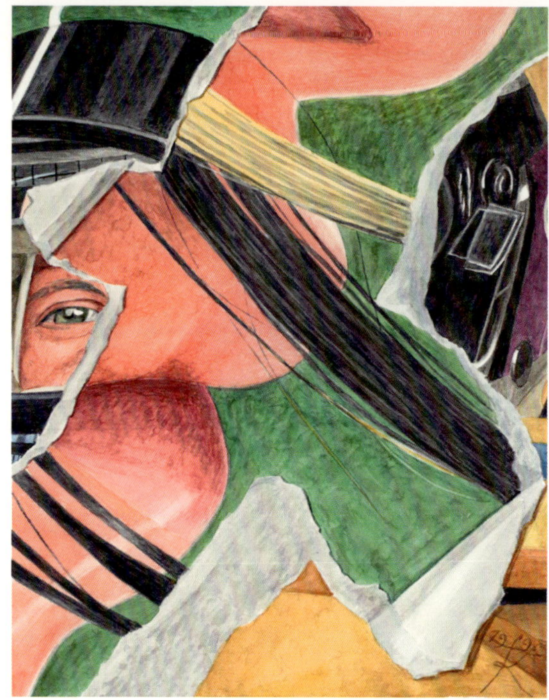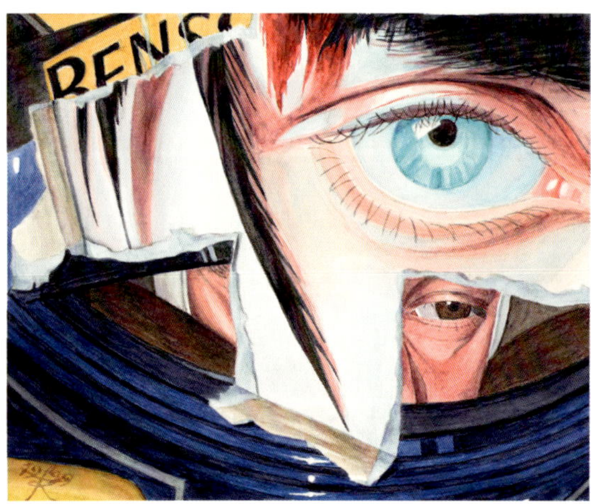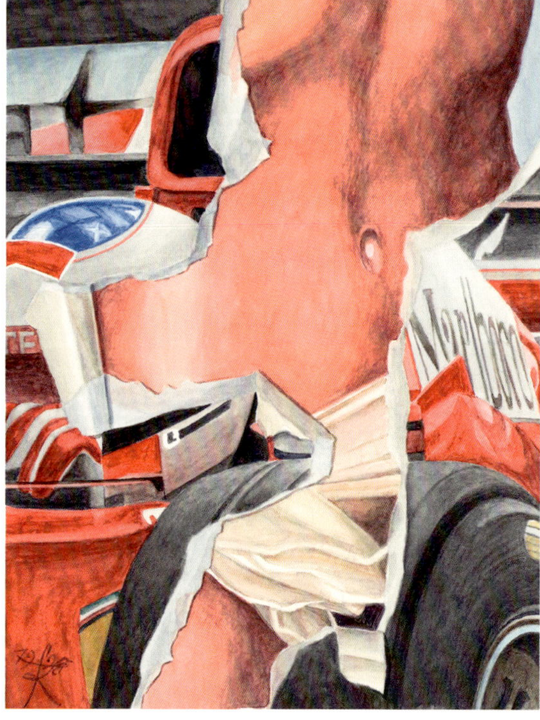

Im Uhrzeigersinn von links oben /
clockwise from upper left:

S, 1993

Blond - schwarzes Haar, 1993

Ferrari, 1998

Das hellblaue Auge (H.H. Frentzen), 1999

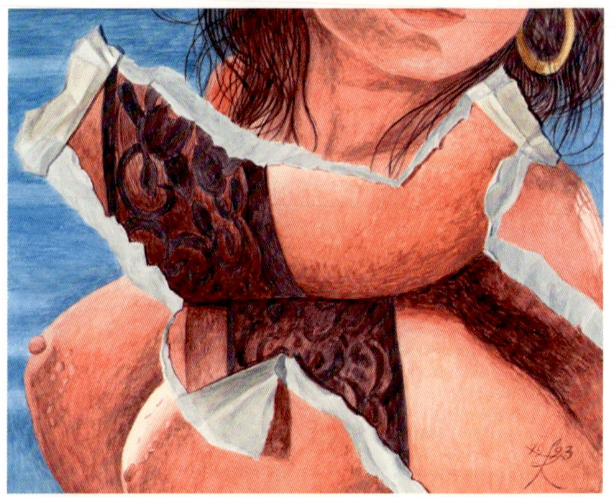
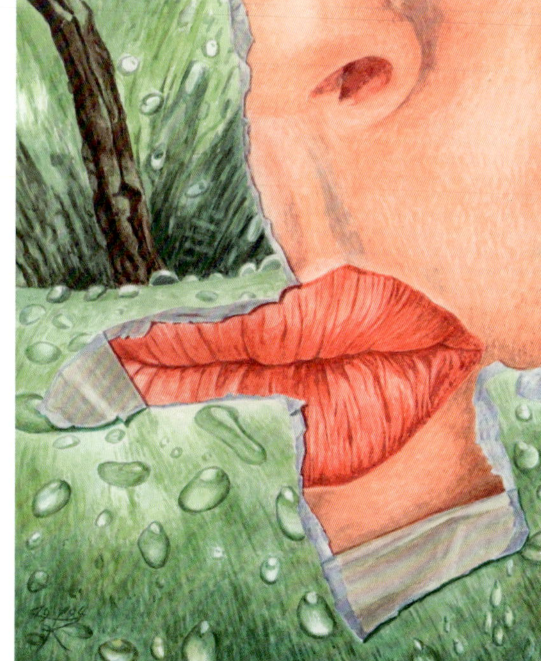
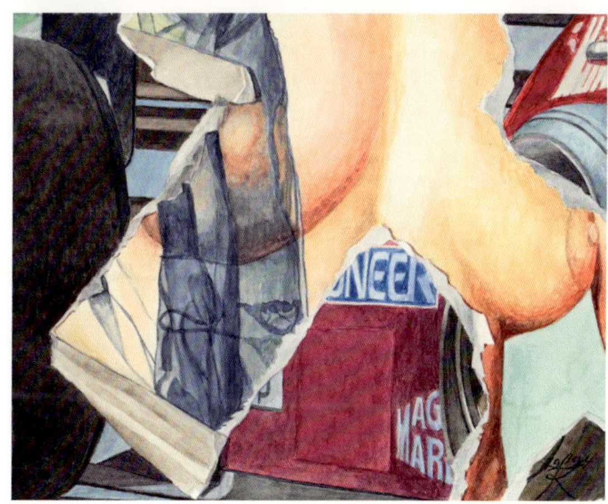
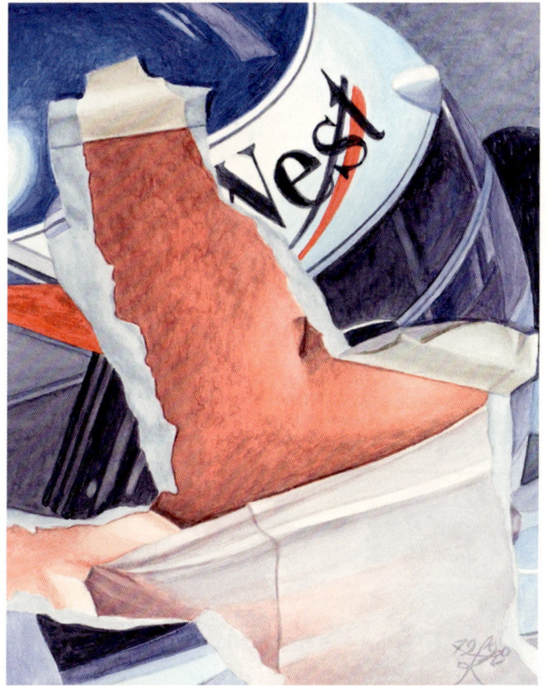
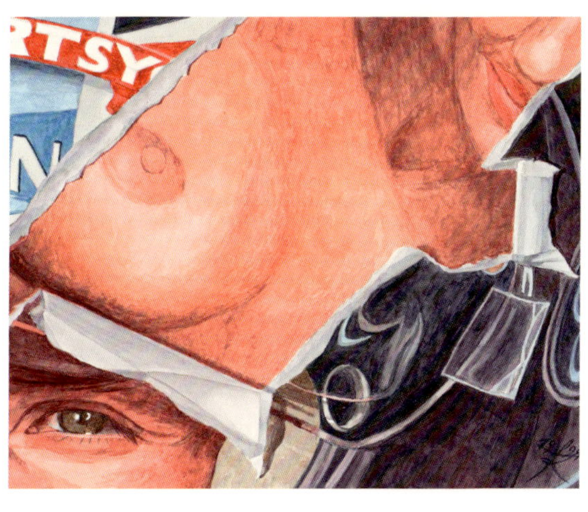

Im Uhrzeigersinn von links oben /
clockwise from upper left:
Die durchbrochenen Strümpfe, 1993
Hinter dem Grün, 1984
Der schwarze Schal, 1994
Anja, 1994
West, 1998

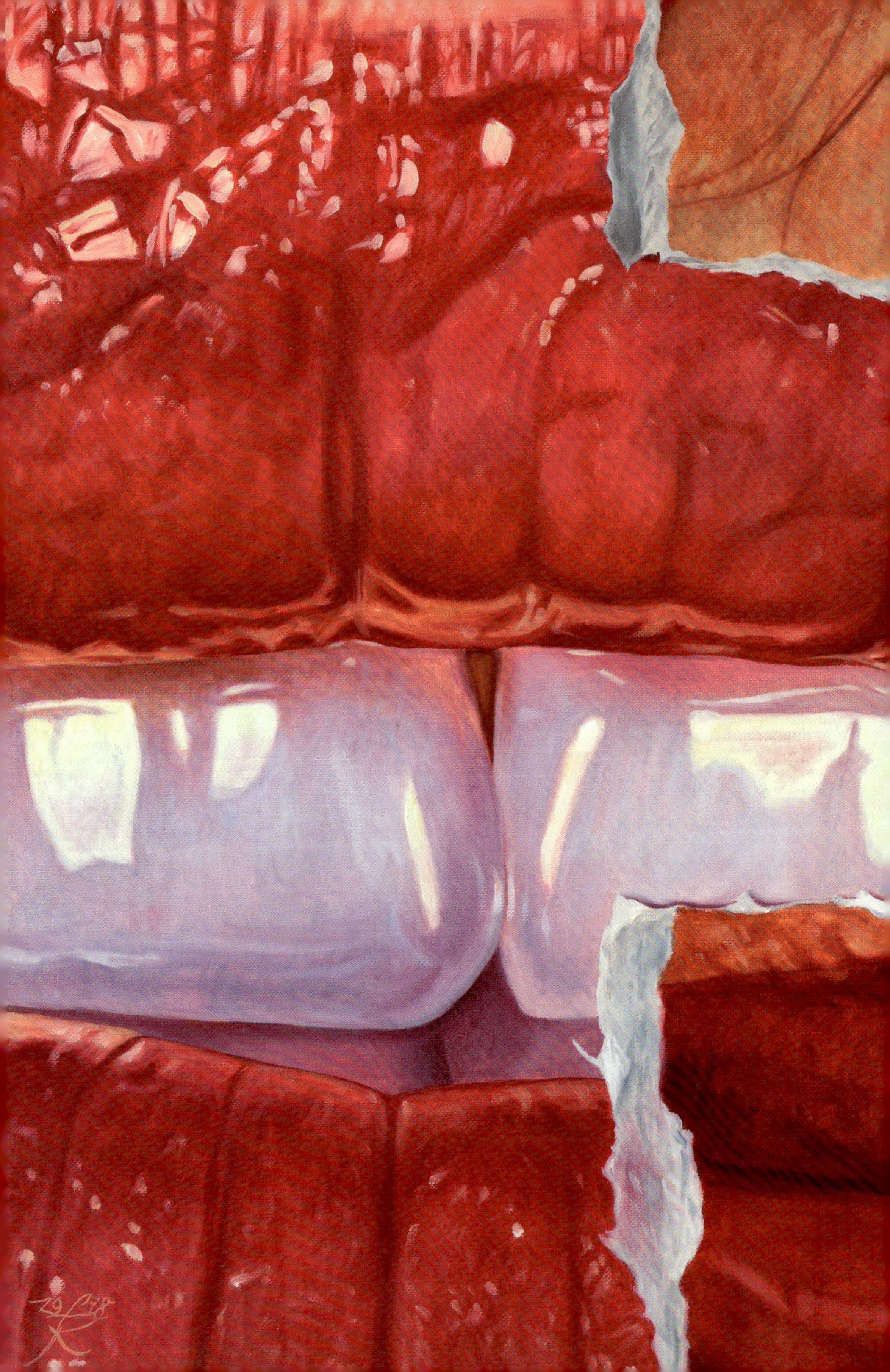

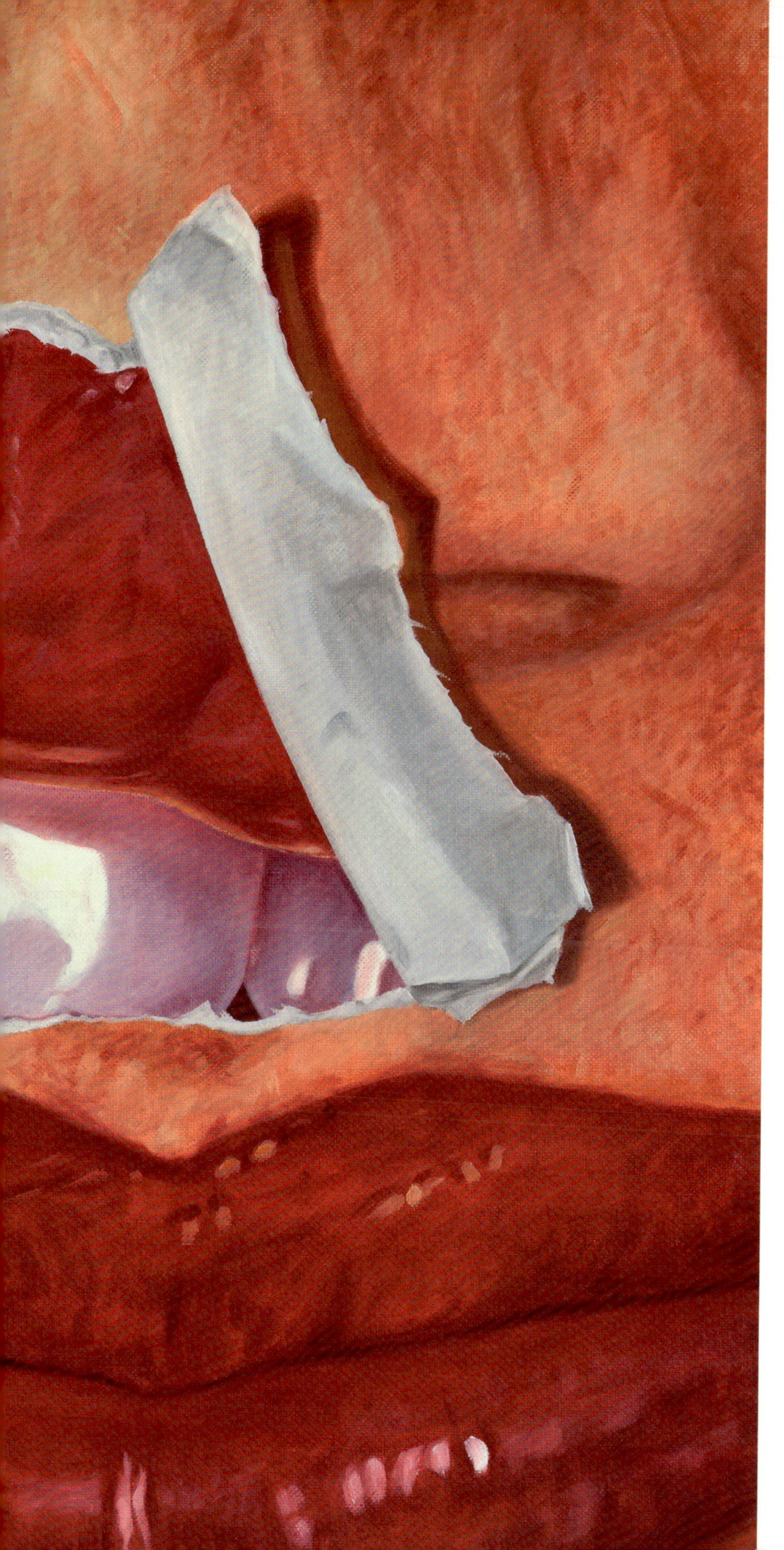

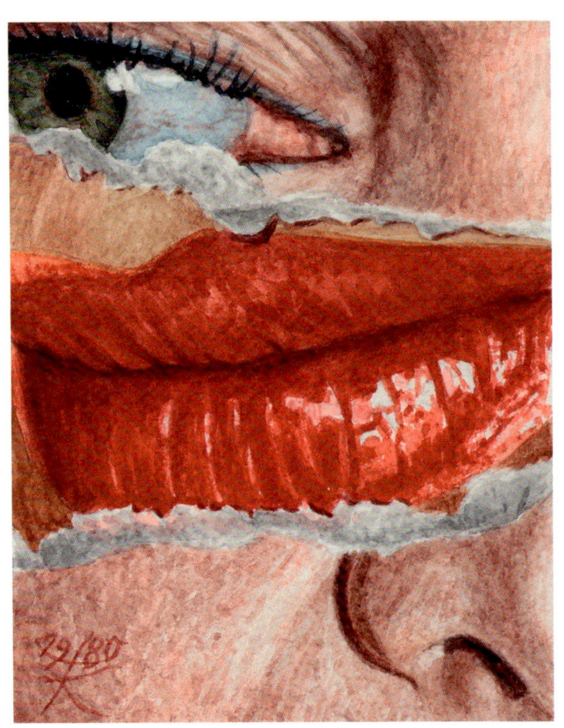

   Der große Mund, 1980

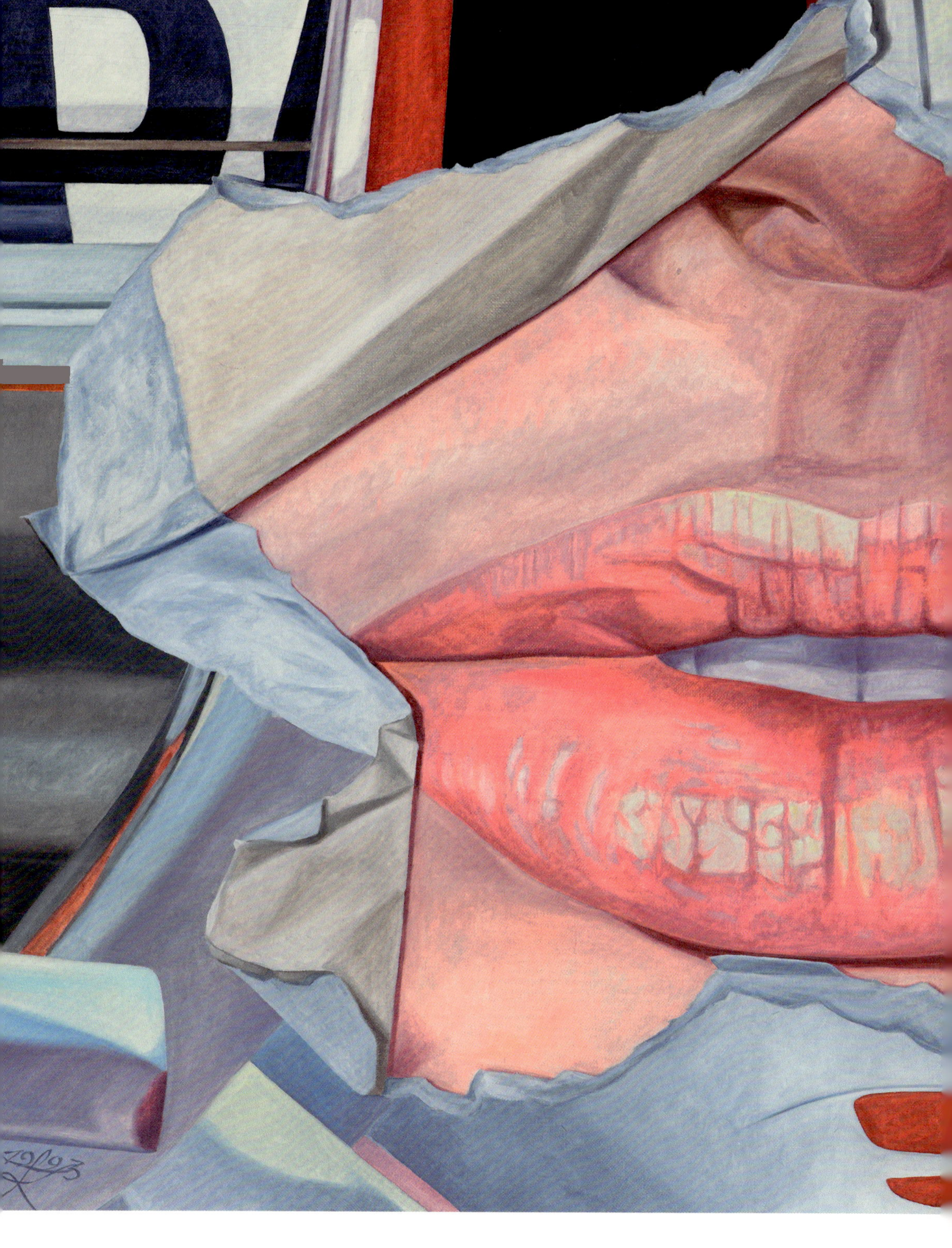

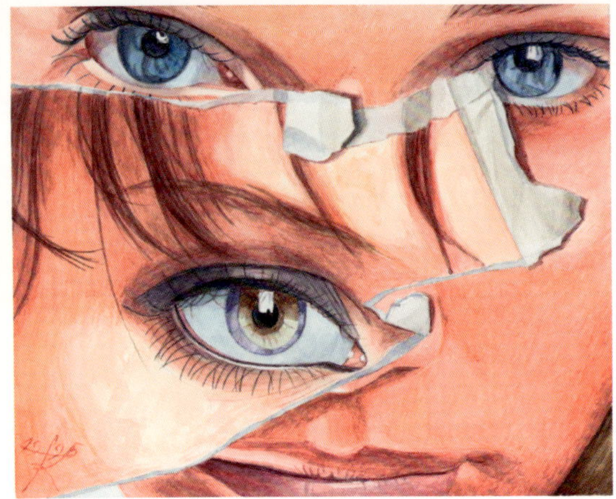
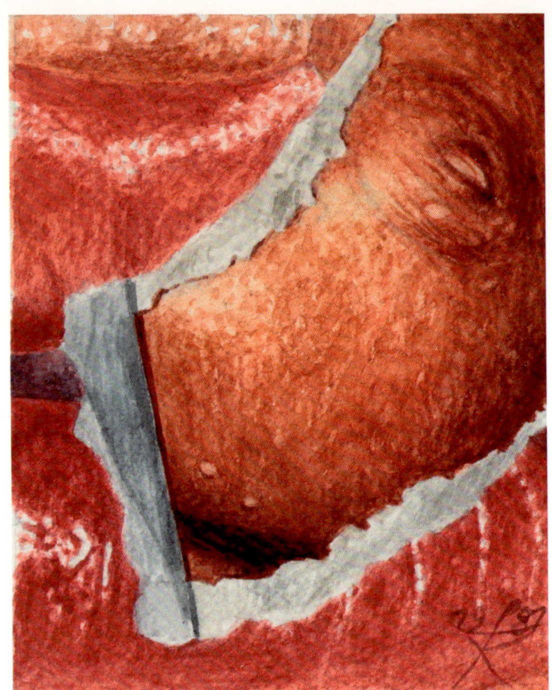
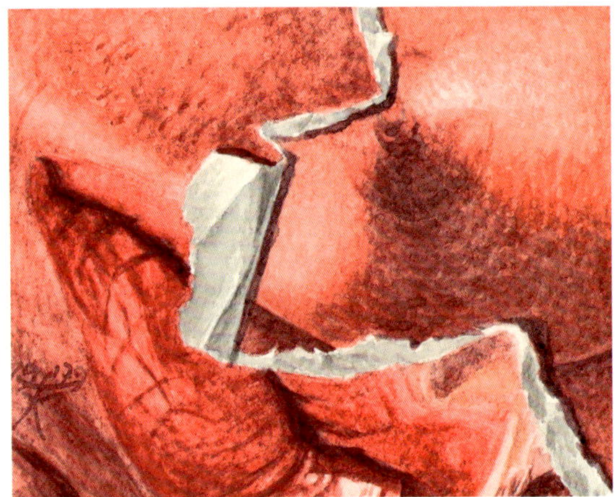
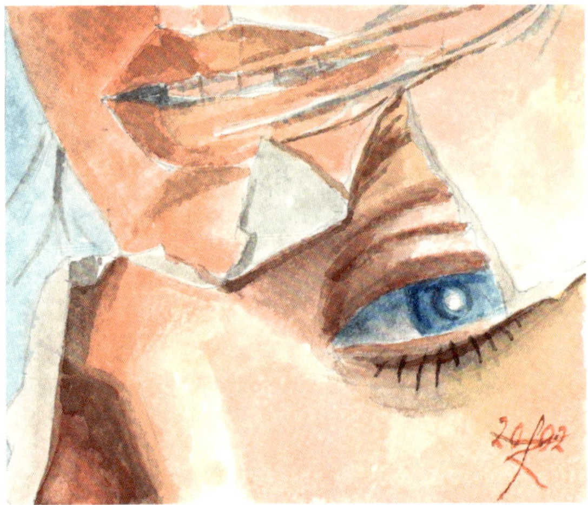
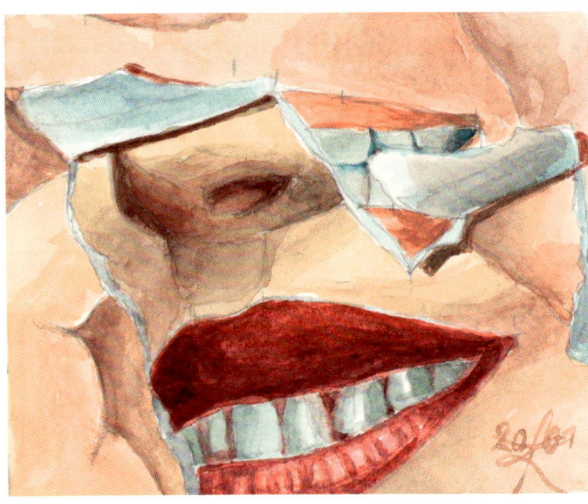

Im Uhrzeigersinn von links oben /
clockwise from upper left:
Drei Augen, 1995
Von rechts oben, 1981
Blaues Auge, heller Mund, 2002
Übereinander, 1995
Schräger Mund, 1979

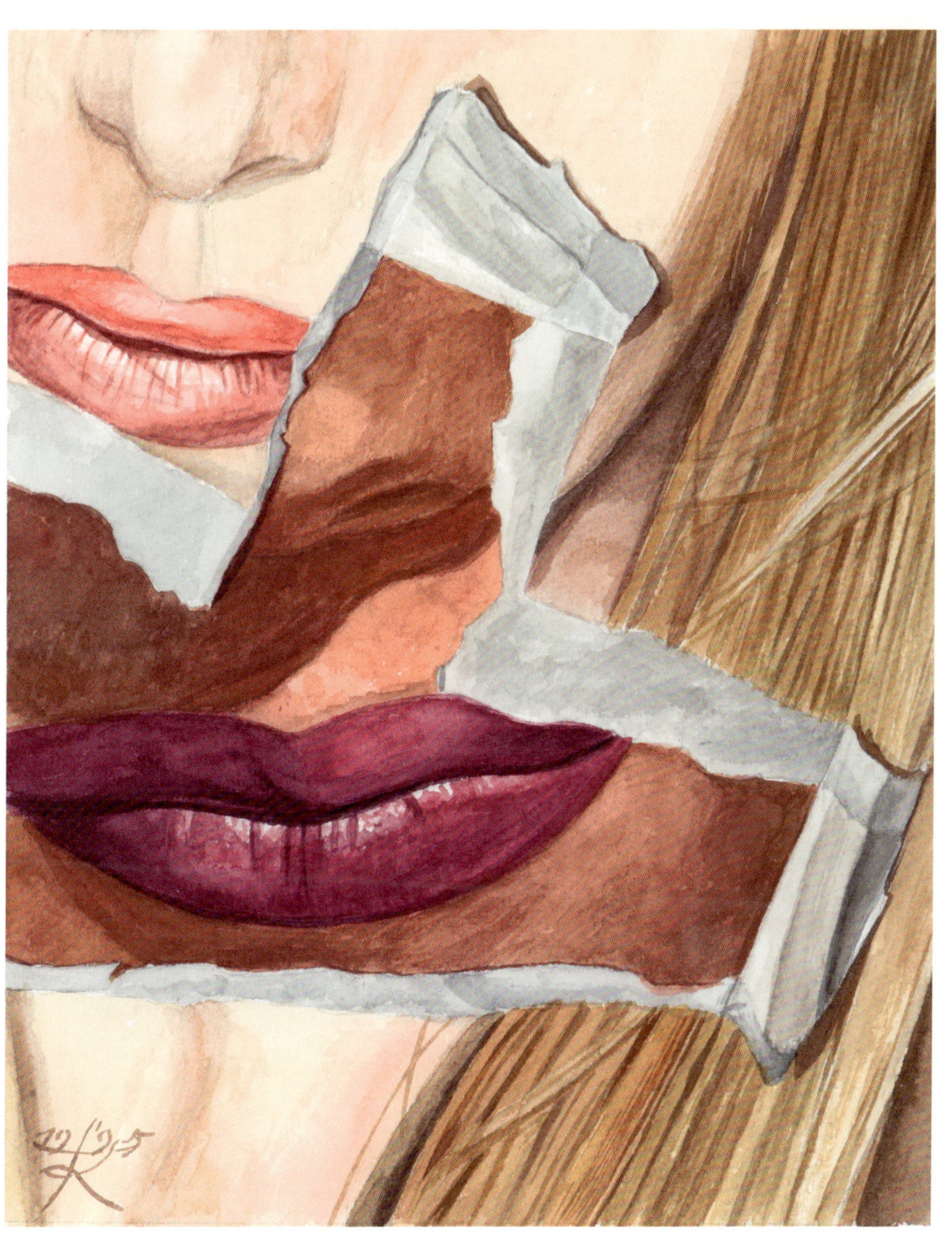

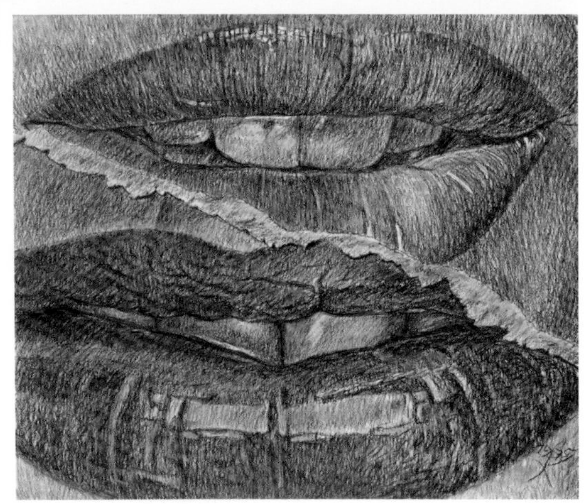

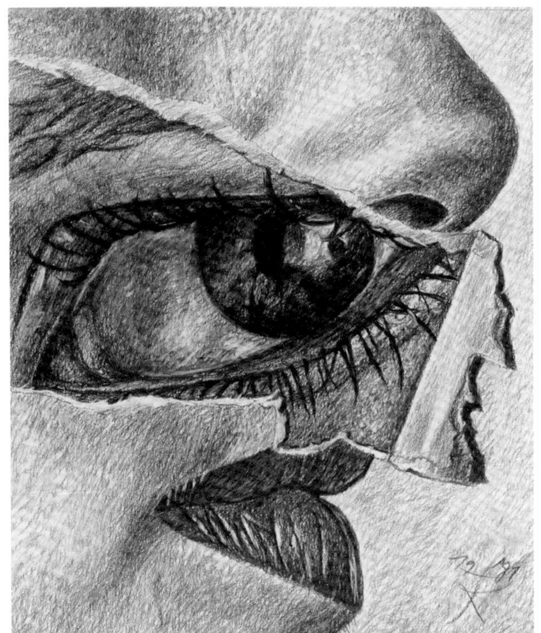

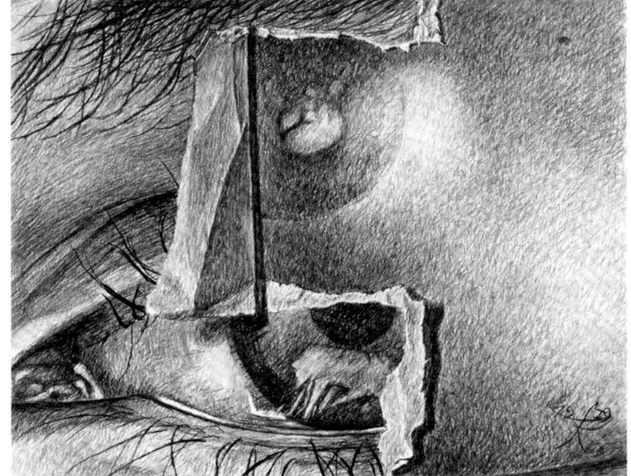

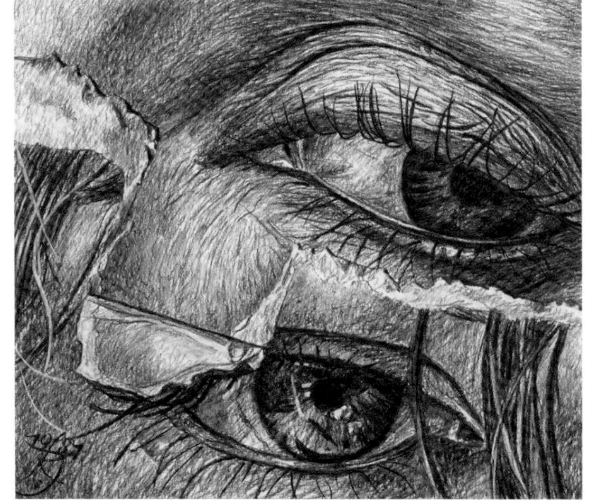

Im Uhrzeigersinn von links oben /
clockwise from upper left:
Zwei Lippen, 1978
Großer Busen, 1979
Oben und unten, 1981
Mund nach rechts, 1981

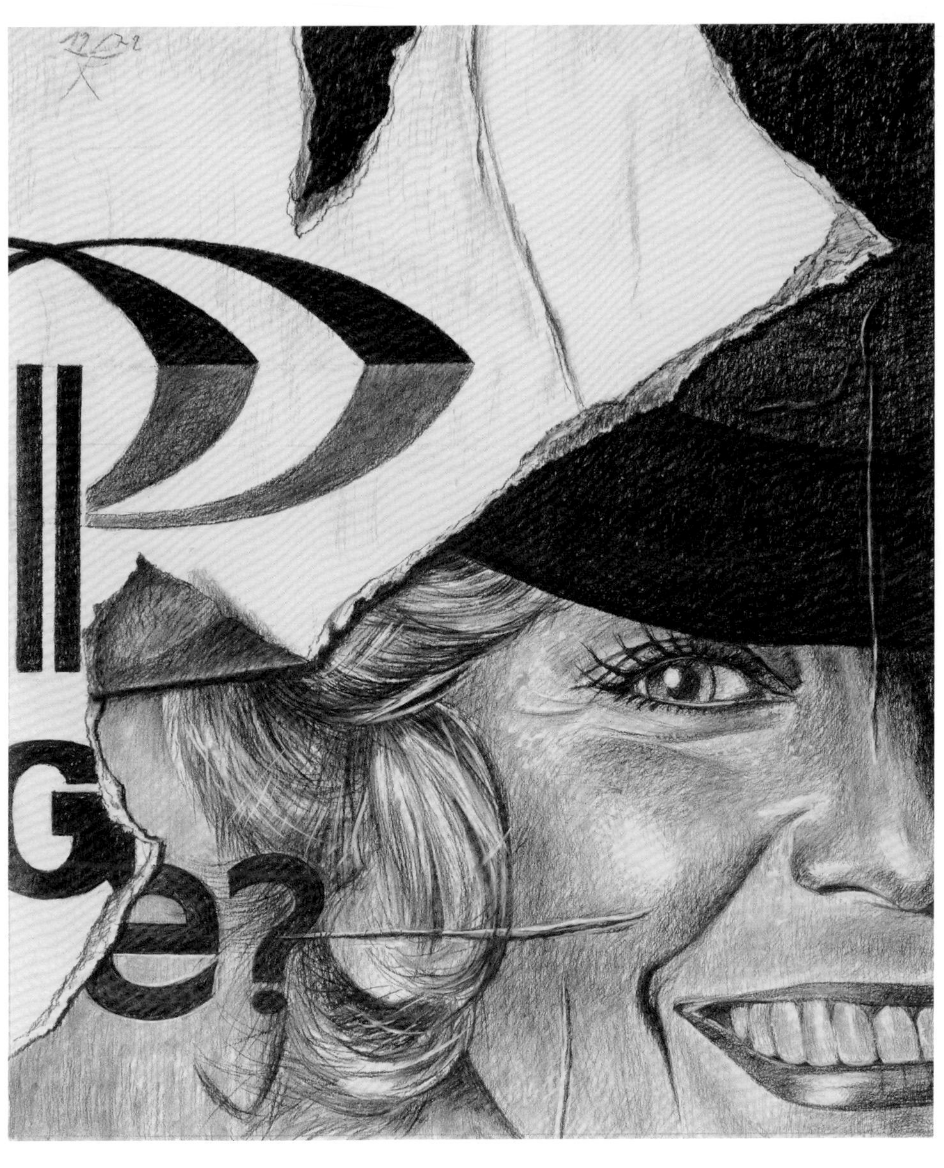

?, 1972
▸▸ *ohne Titel / Untitled*, 1960er

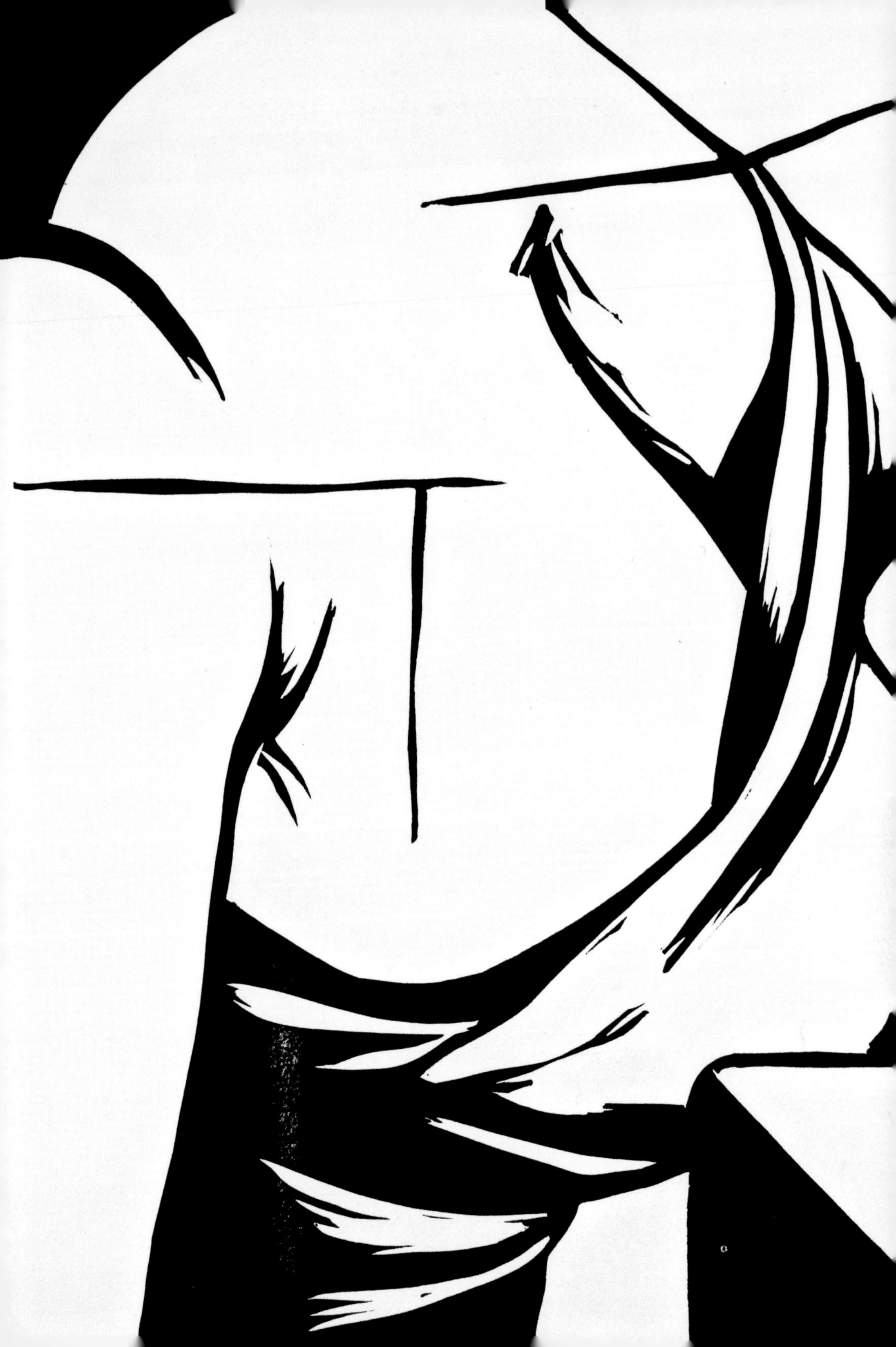

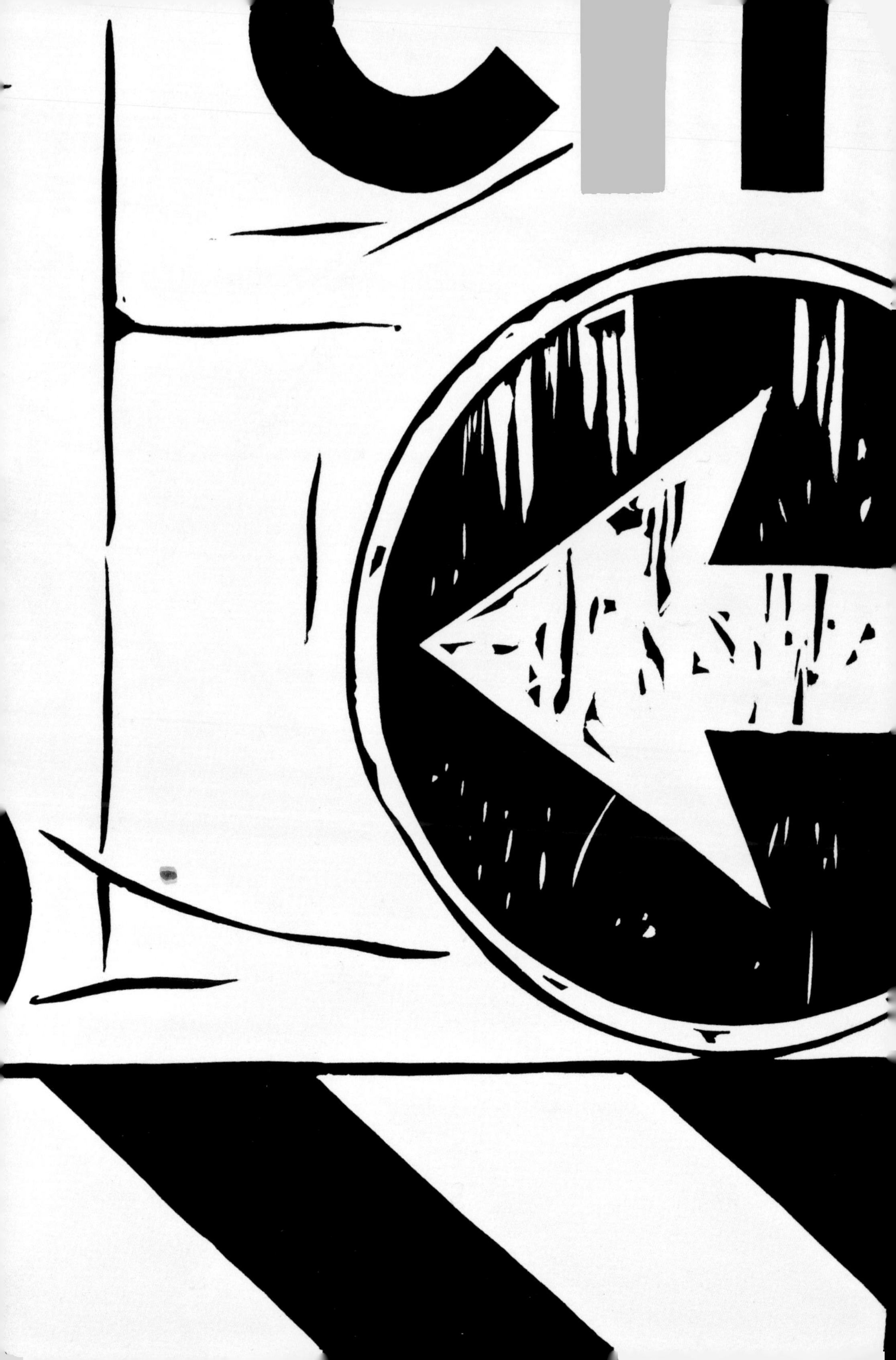

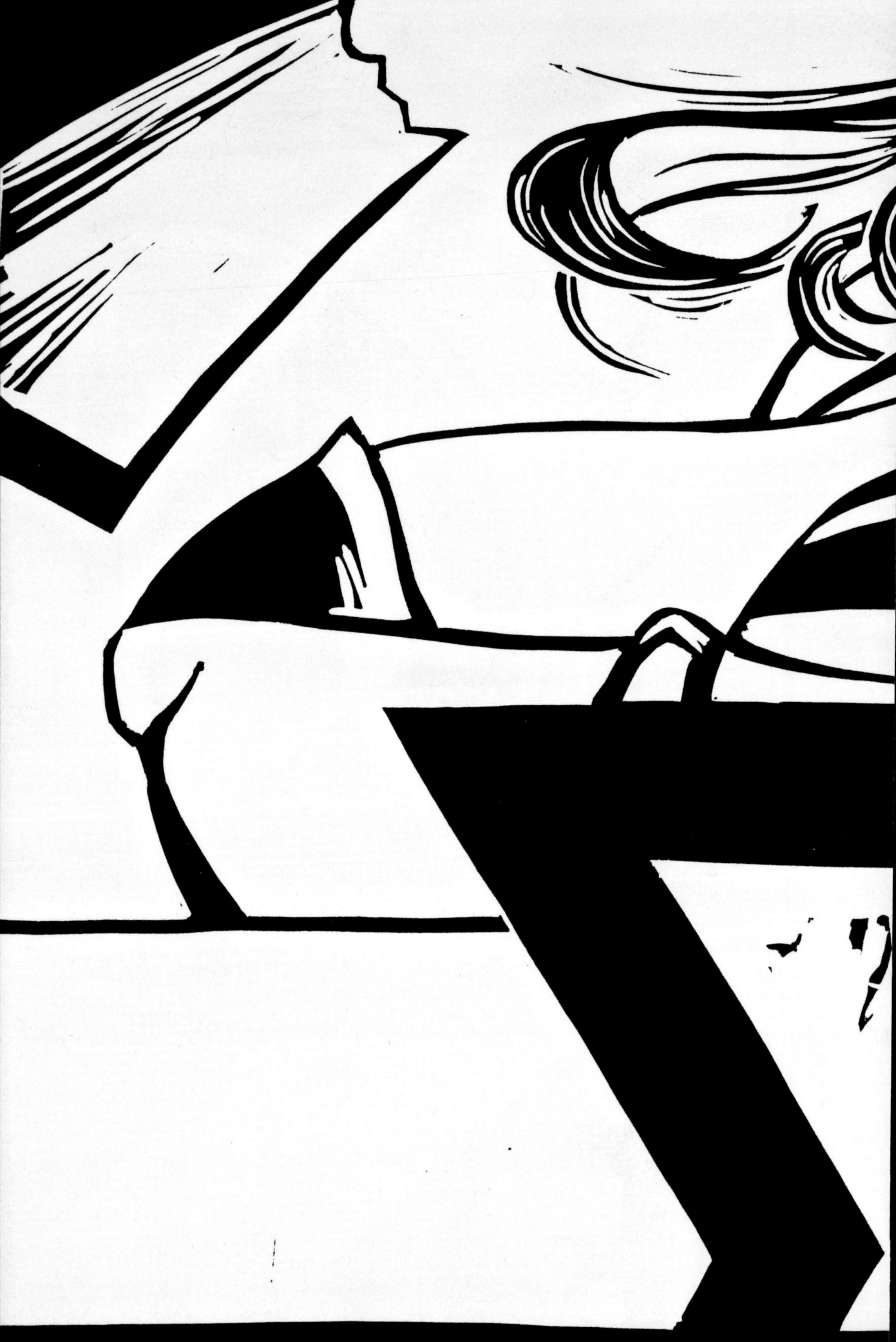

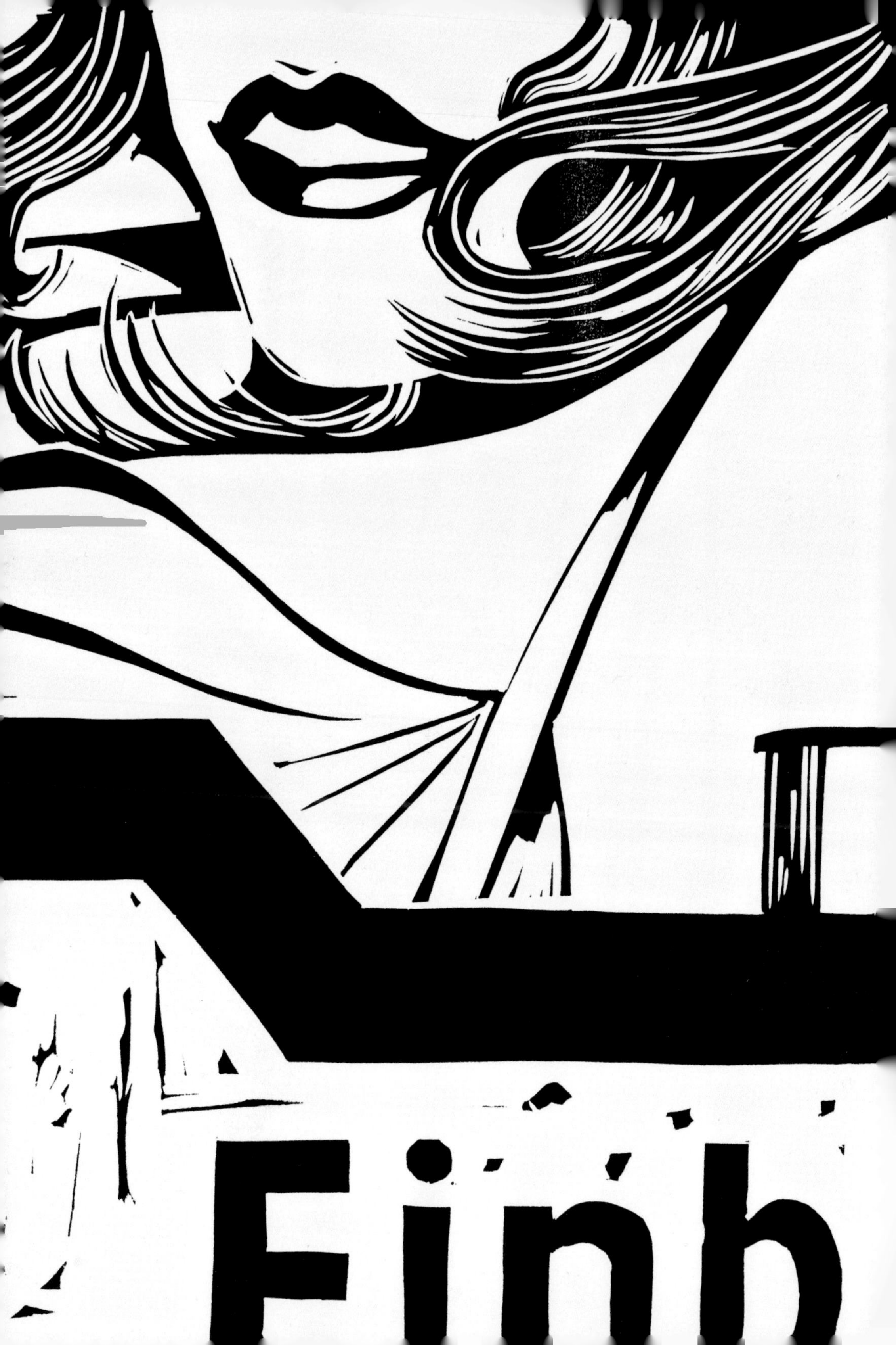

Finb

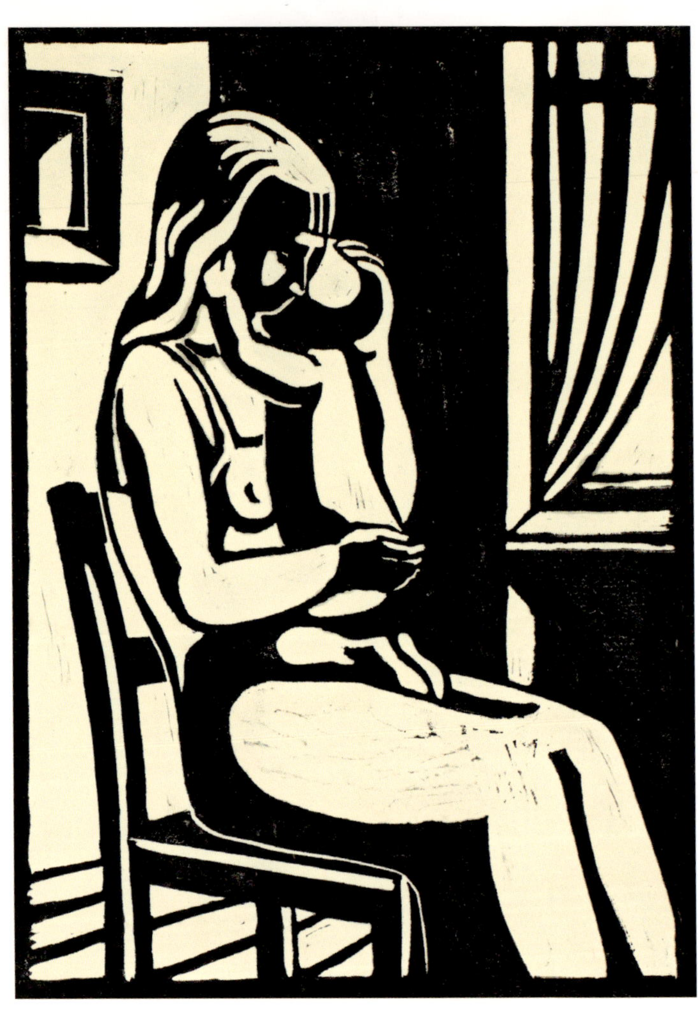

ohne Titel / Untitled, 1960er ◄◄

64   *ohne Titel / Untitled*, 1949

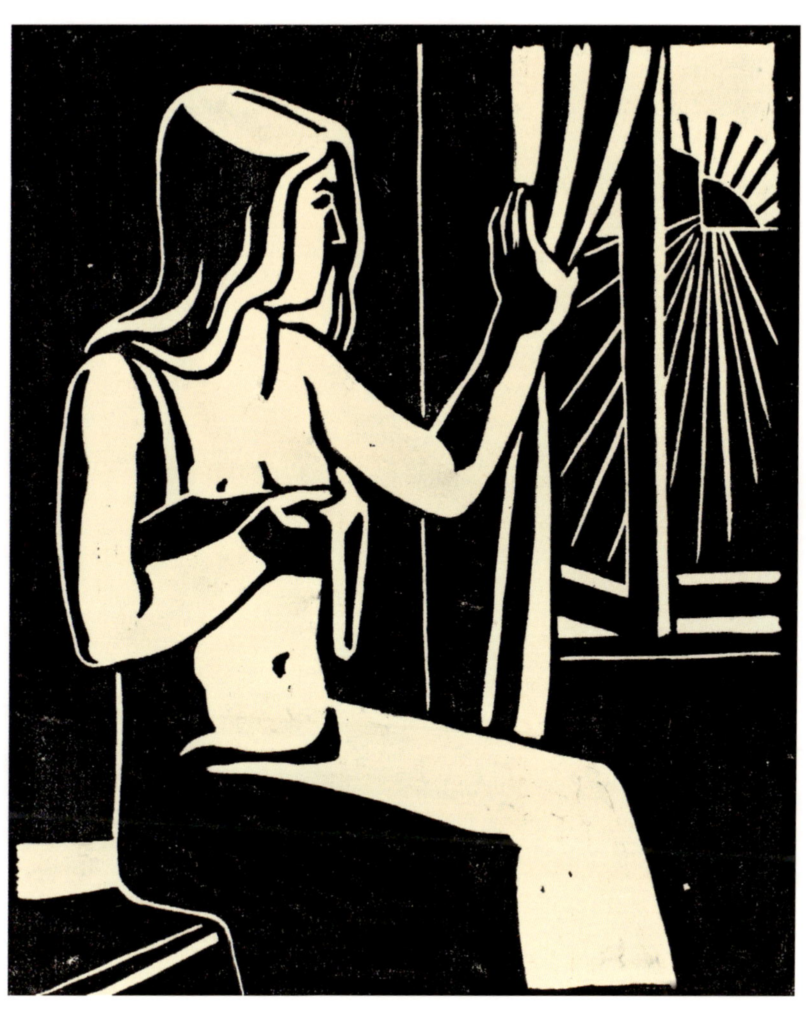

ohne Titel / Untitled, 1949   65

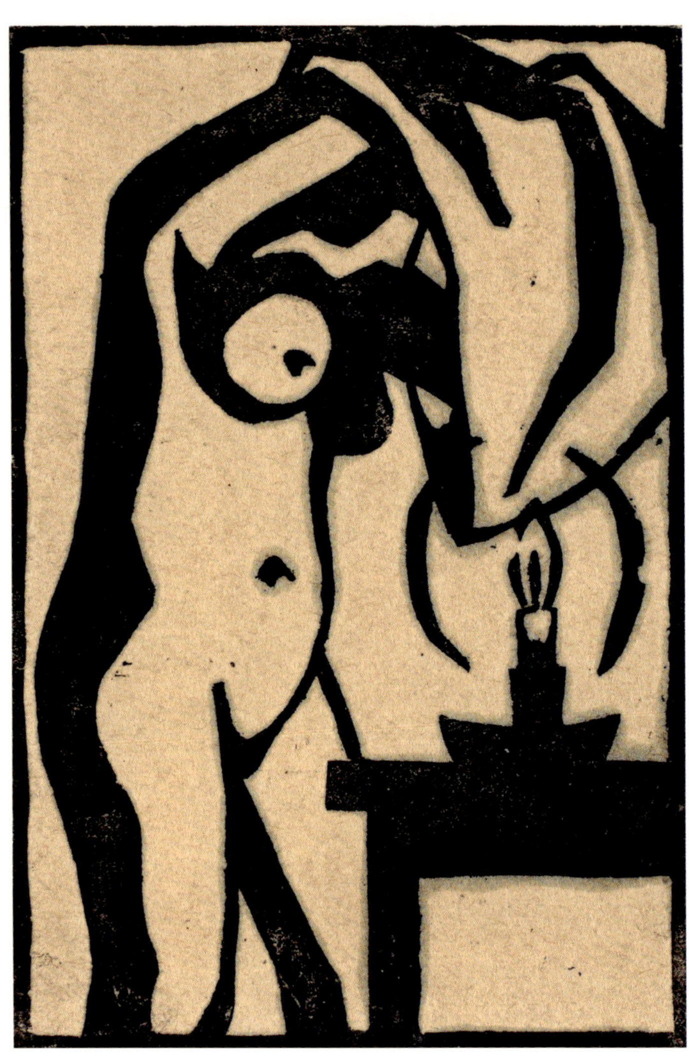

66   *ohne Titel / Untitled*, 1948

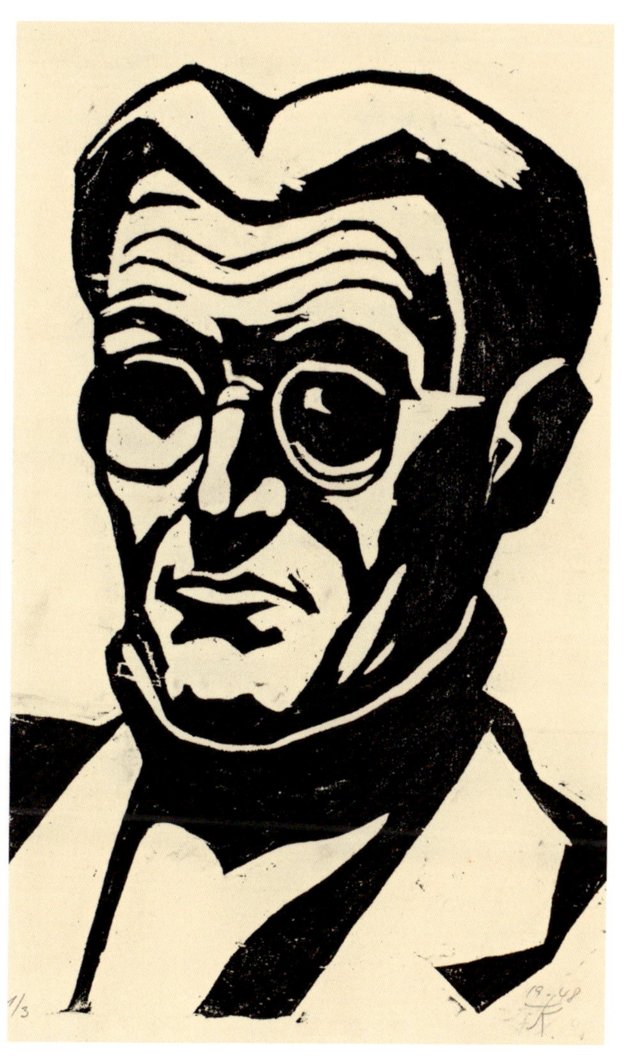

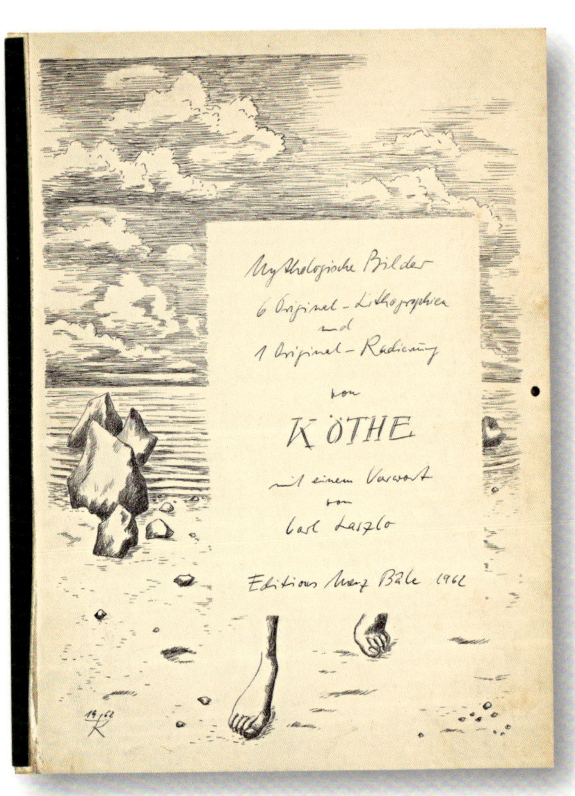

Mappe, Mythologische Bilder, 1962
ohne Titel / *Untitled*, 1958 ▶

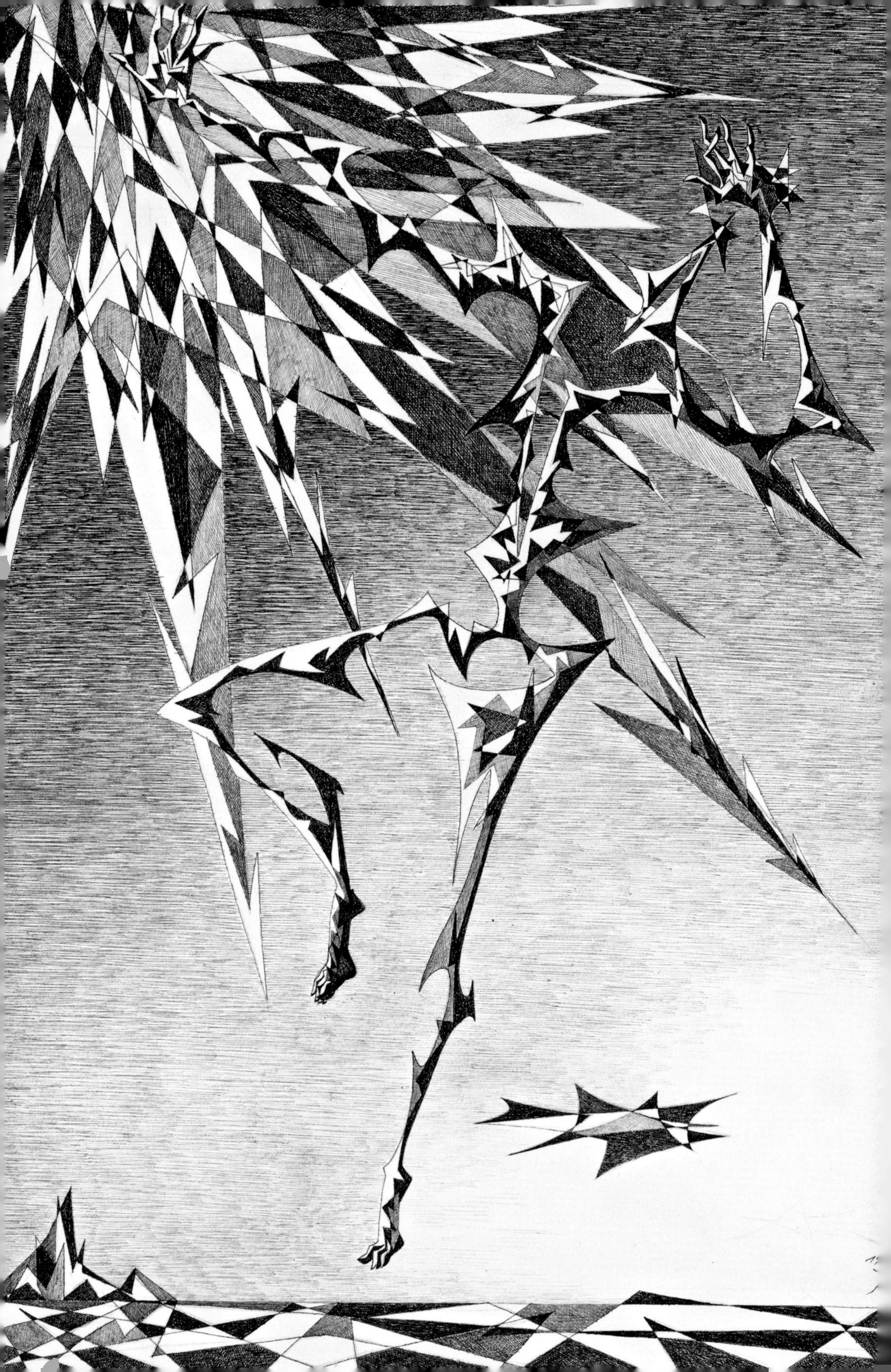

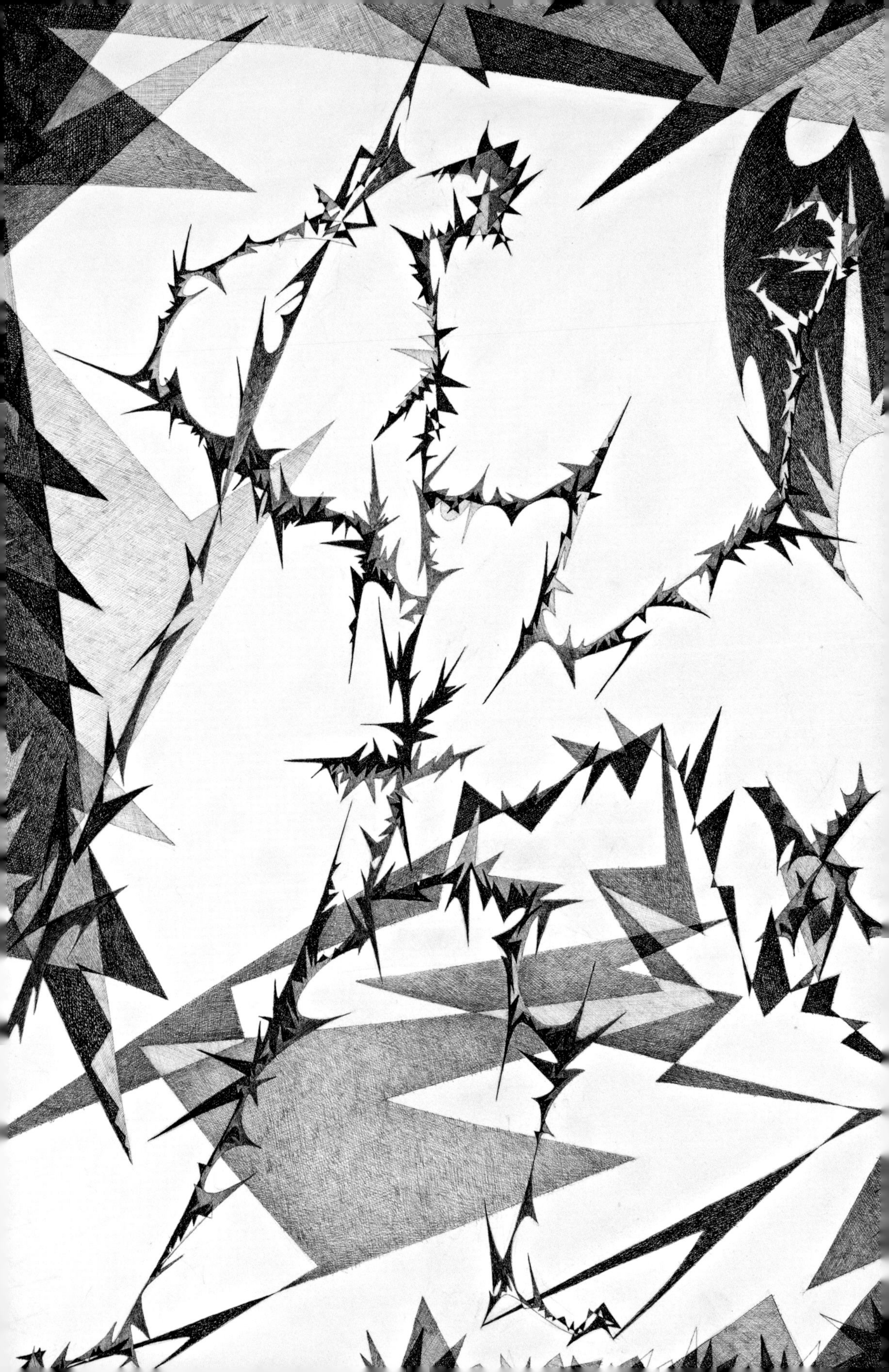

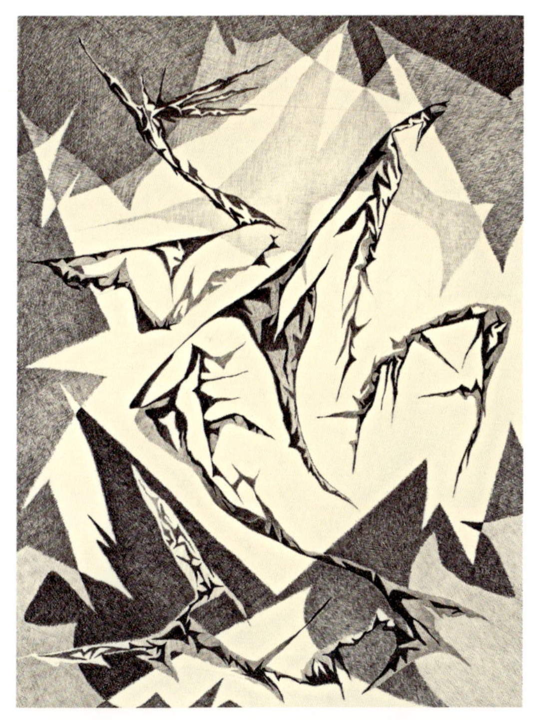

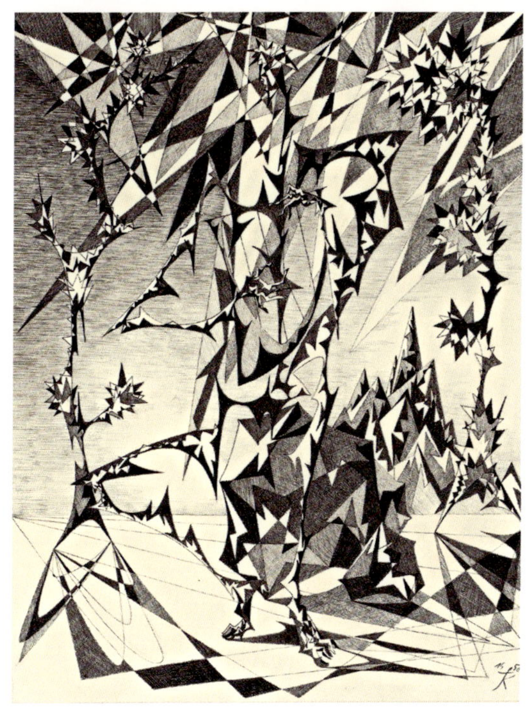

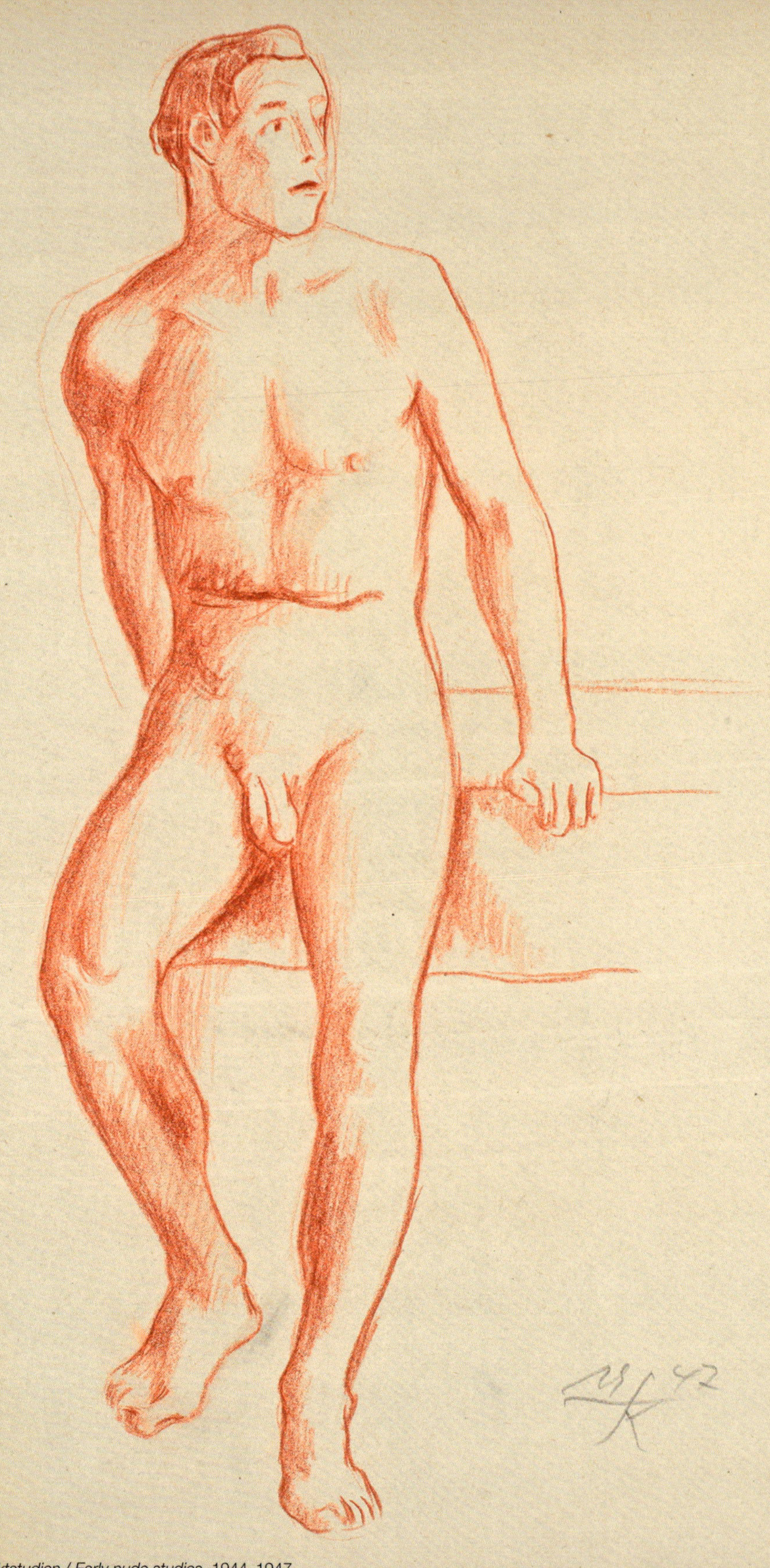

Frühe Aktstudien / Early nude studies, 1944–1947

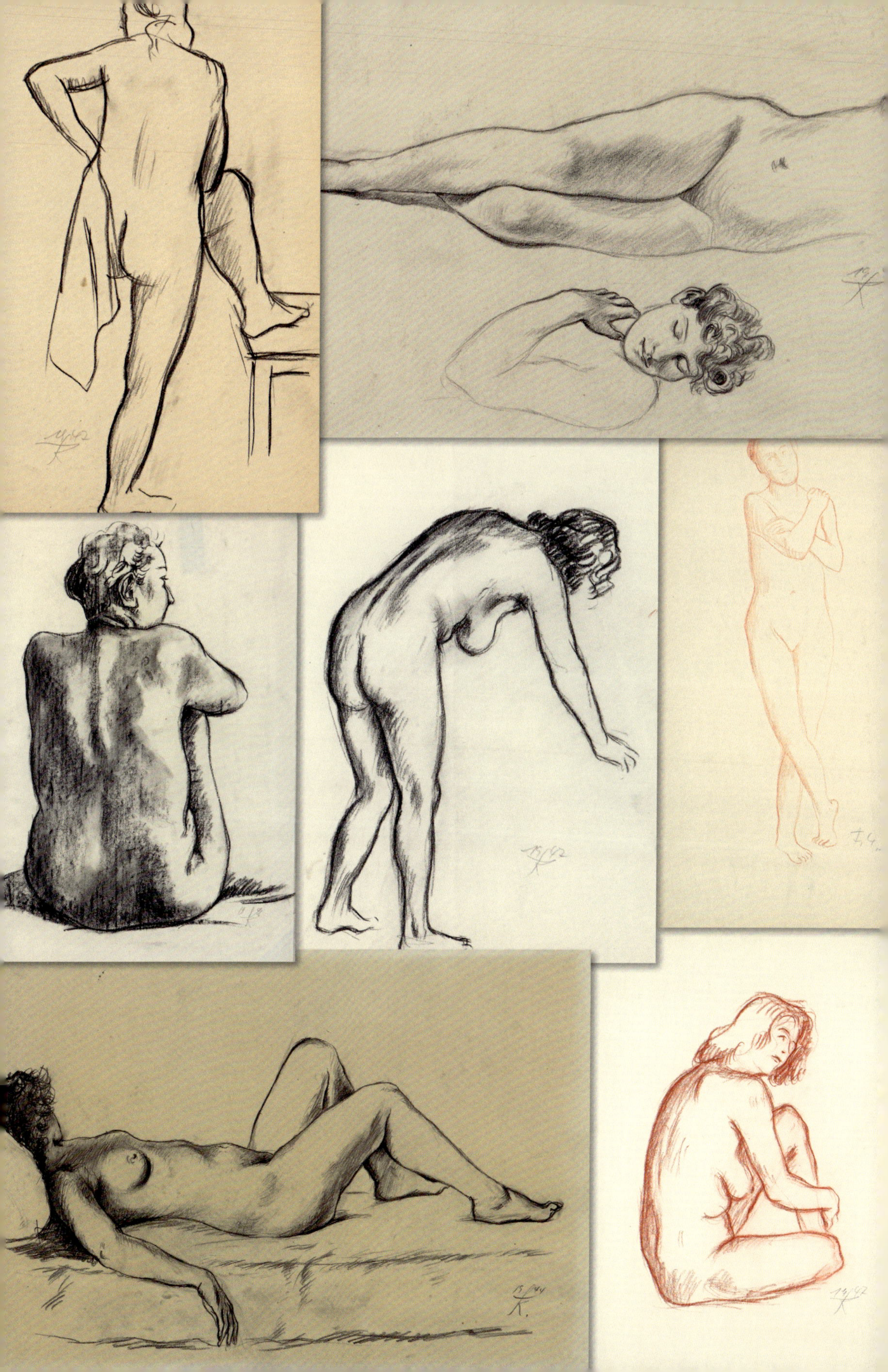

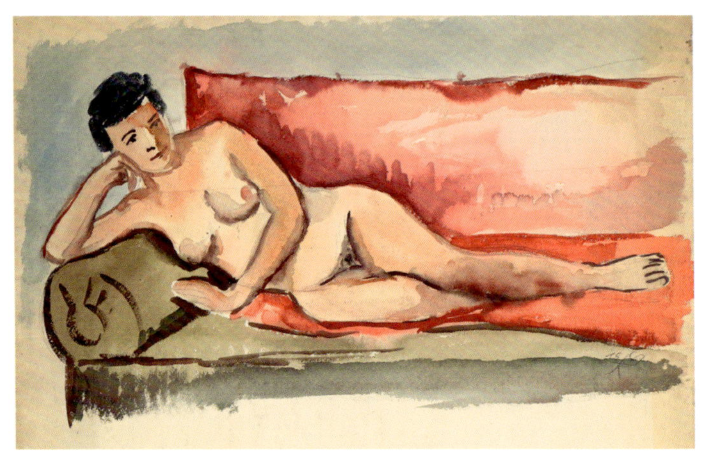

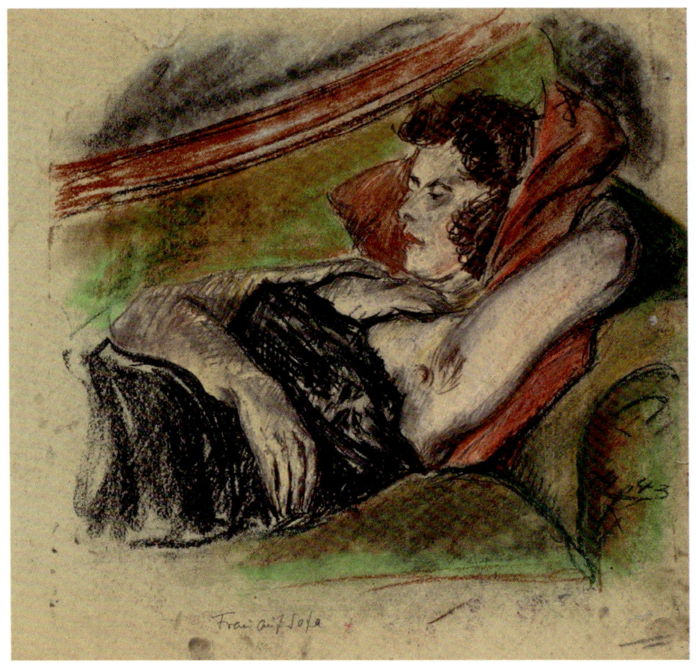

oben / top: *Liegender Akt*, 1947
unten / bottom: *Frau auf Sofa*, 1943

74   *ohne Titel / Untitled*, 1947 ▶

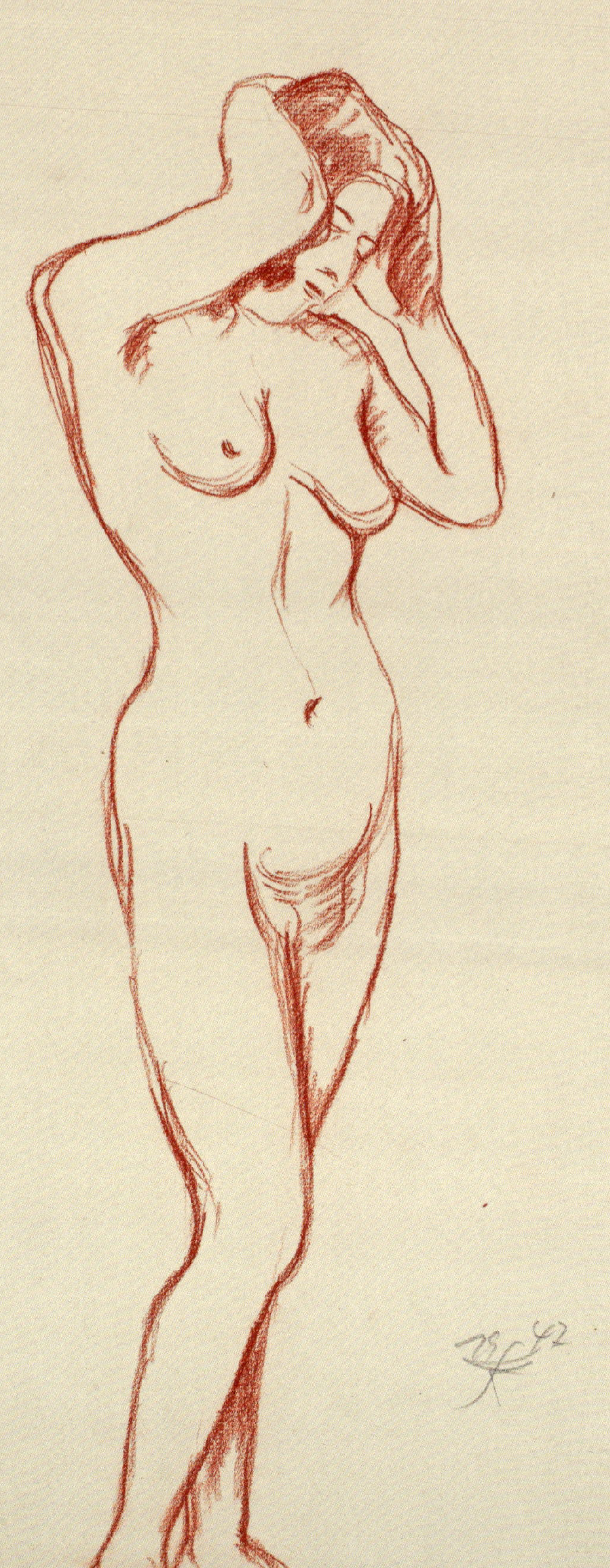

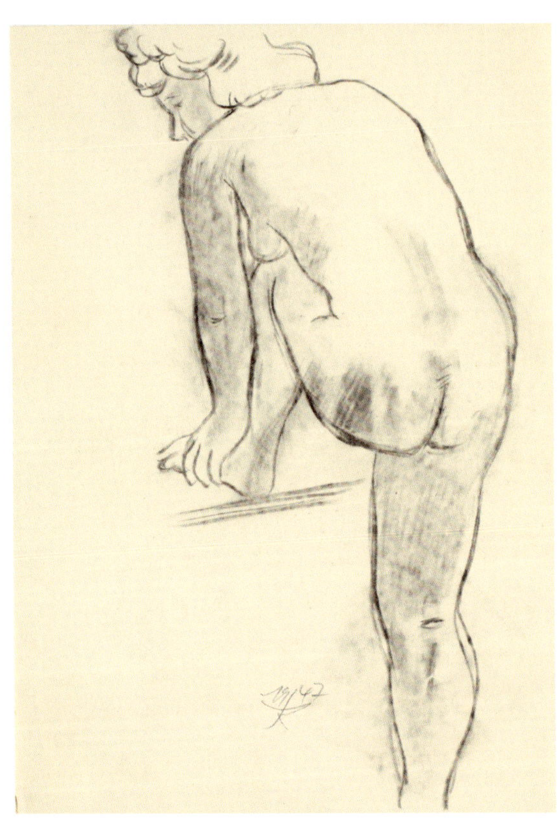

76   *ohne Titel / Untitled*, 1939 ▶

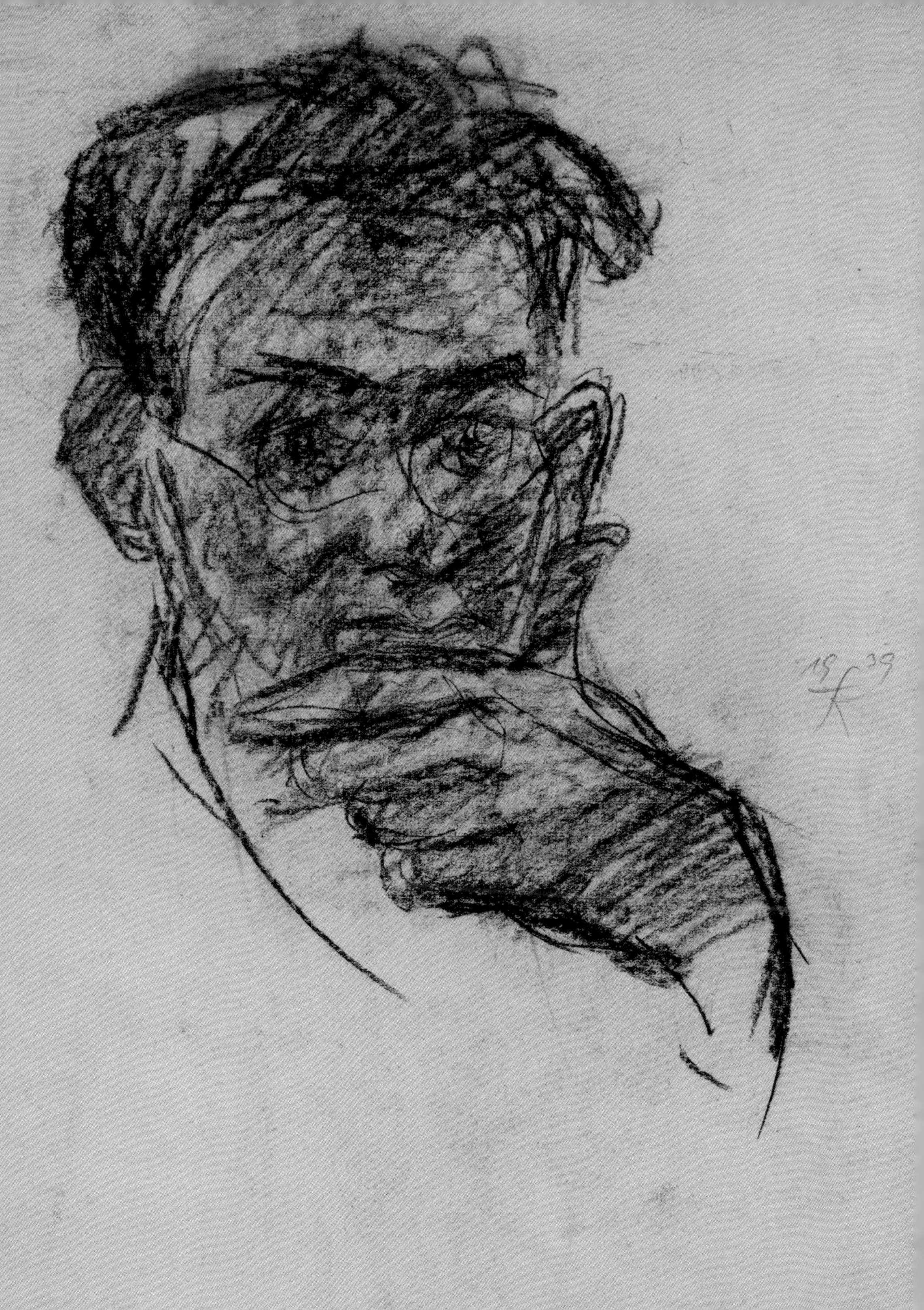

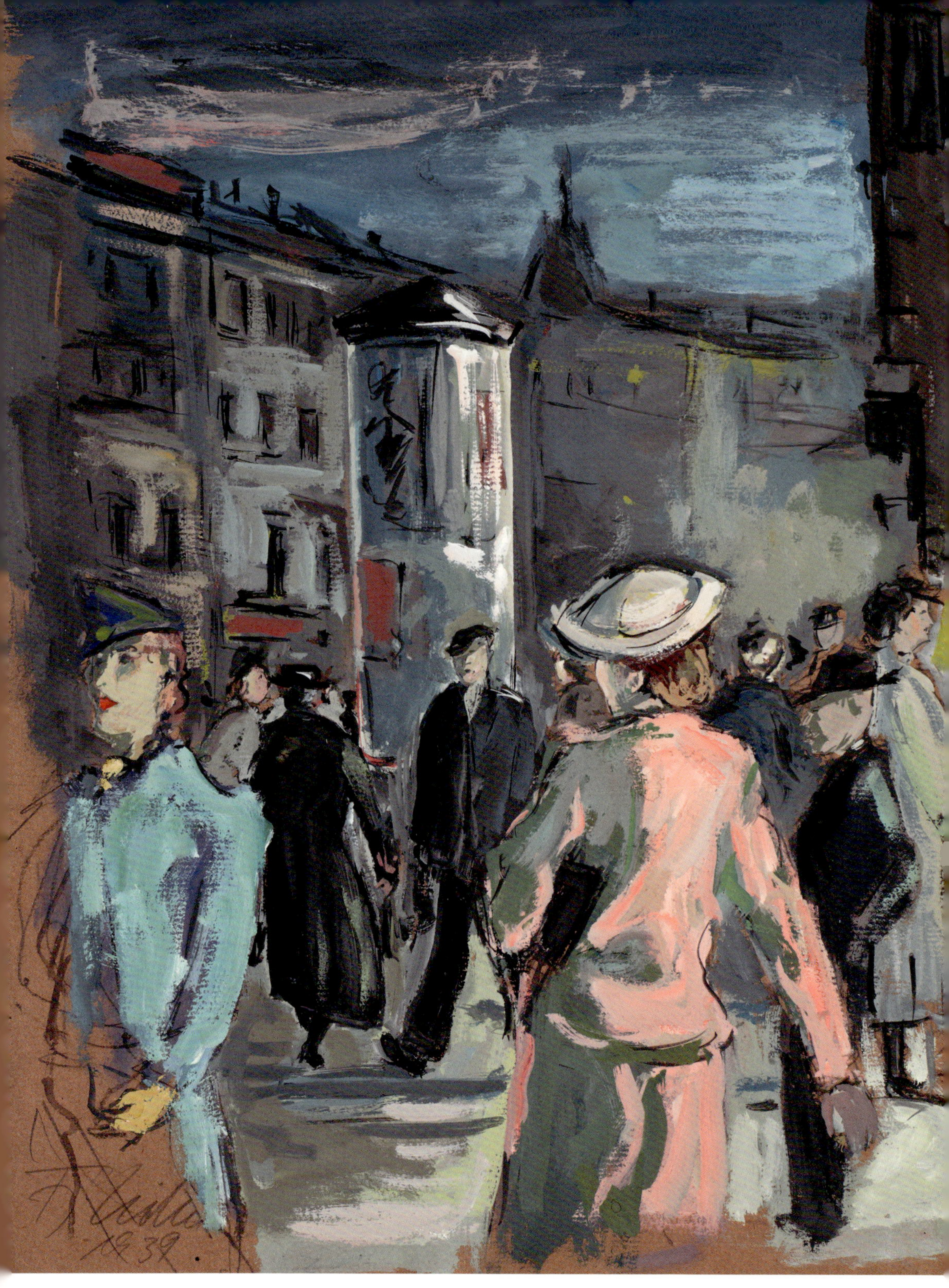

 ohne Titel / Untitled, 1939

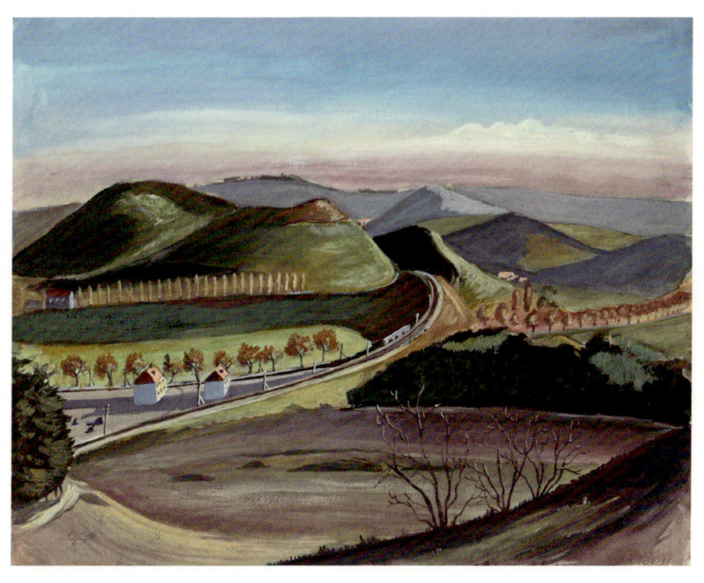

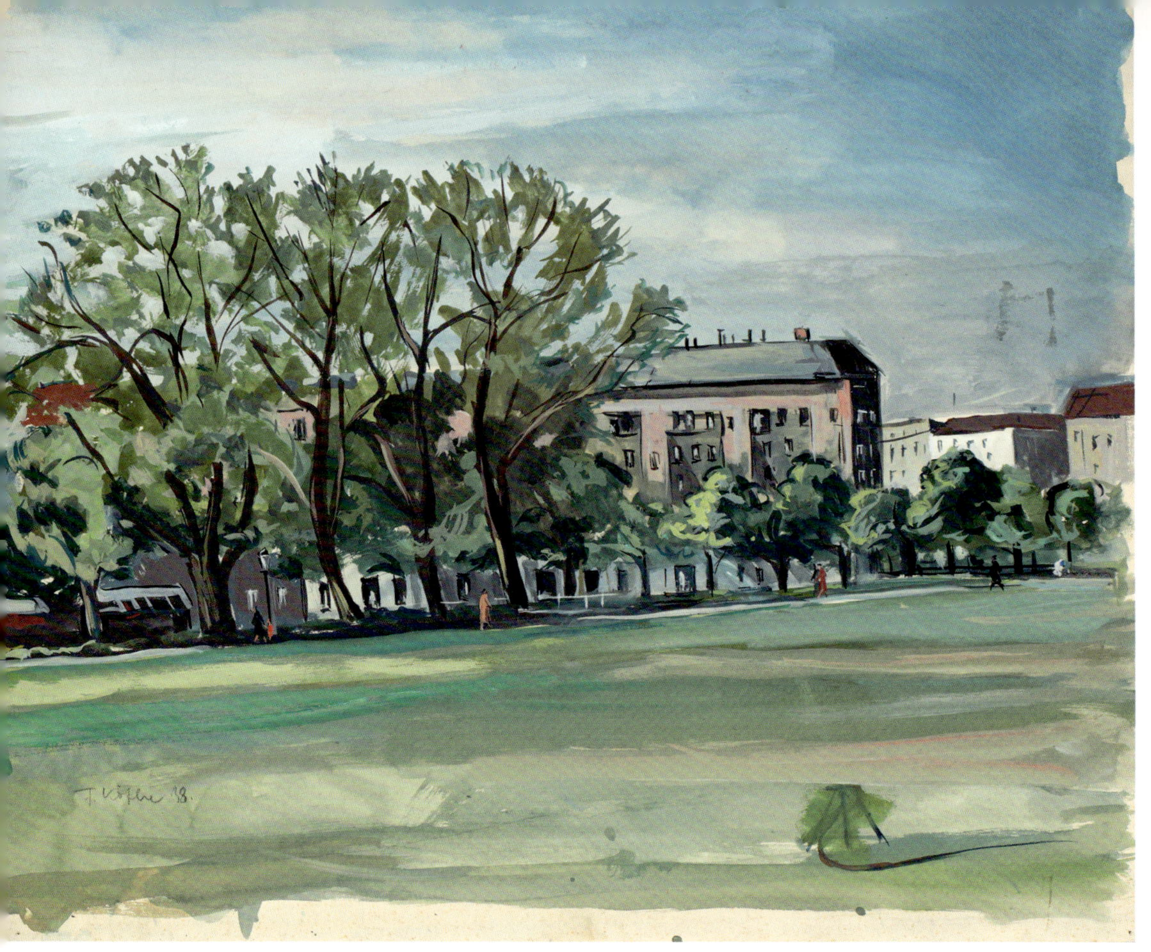

80   *An der Getschiner Straße, 1938*

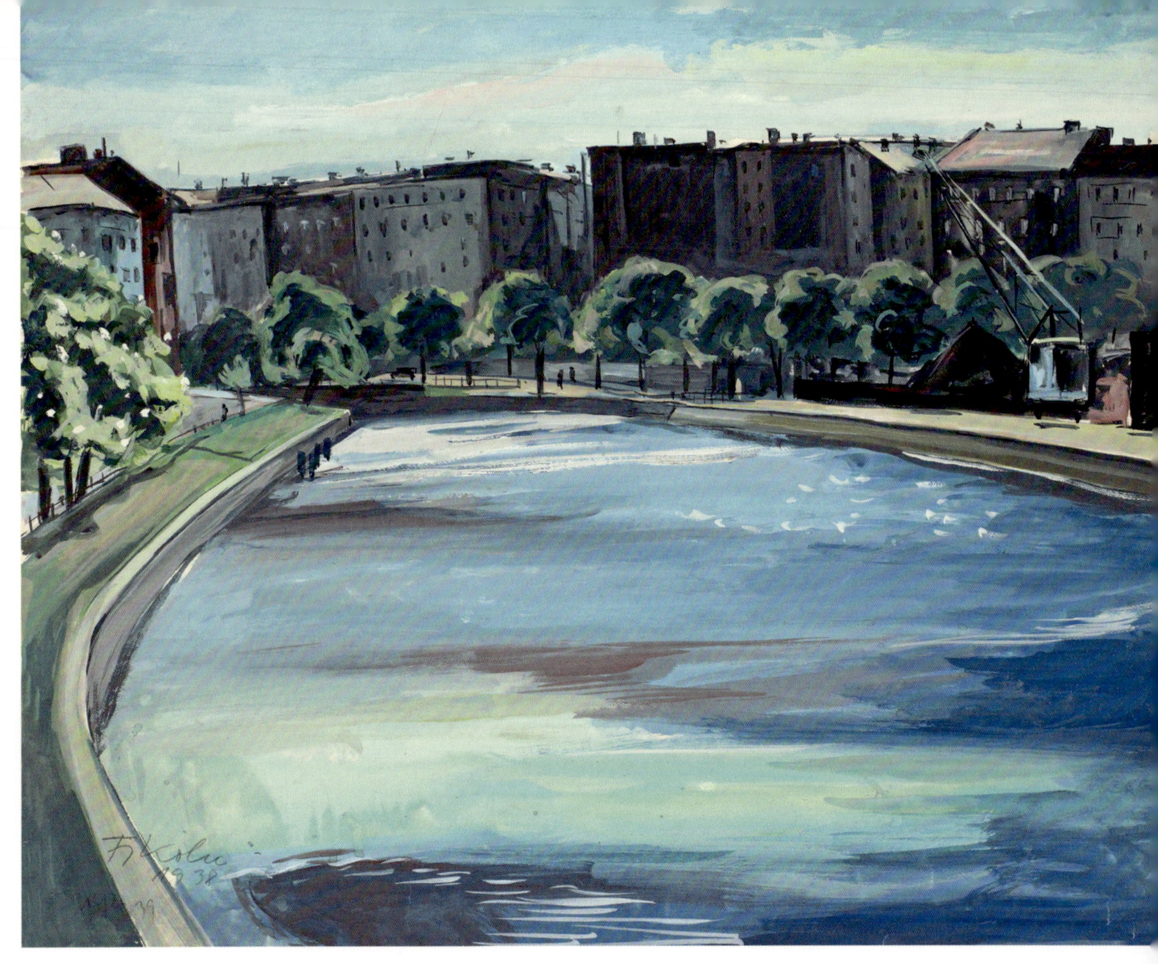

Der Urbanhafen, 1938   81

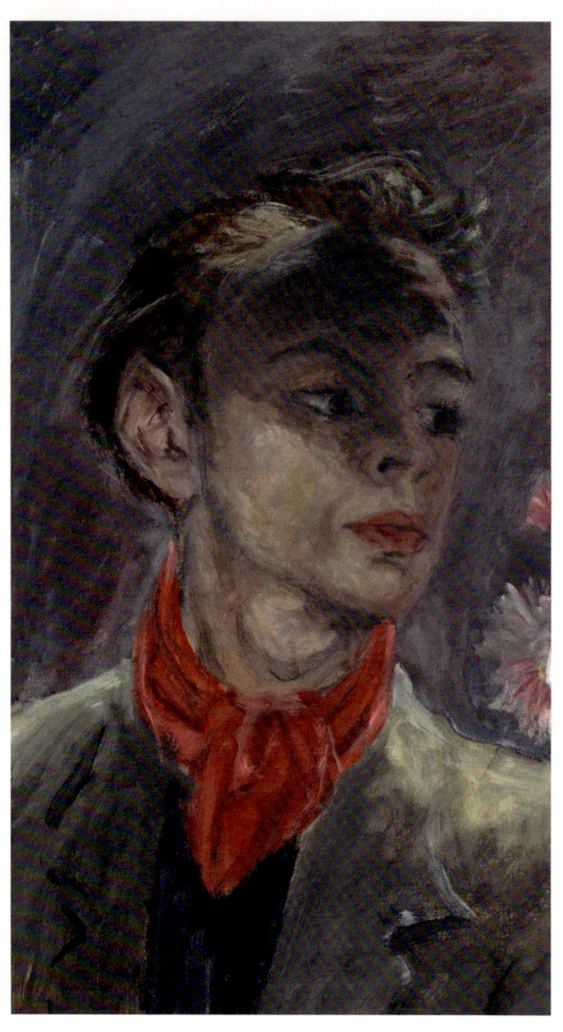

Selbstbildnis, 1938
 ohne Titel / Untitled, 1942 ▶

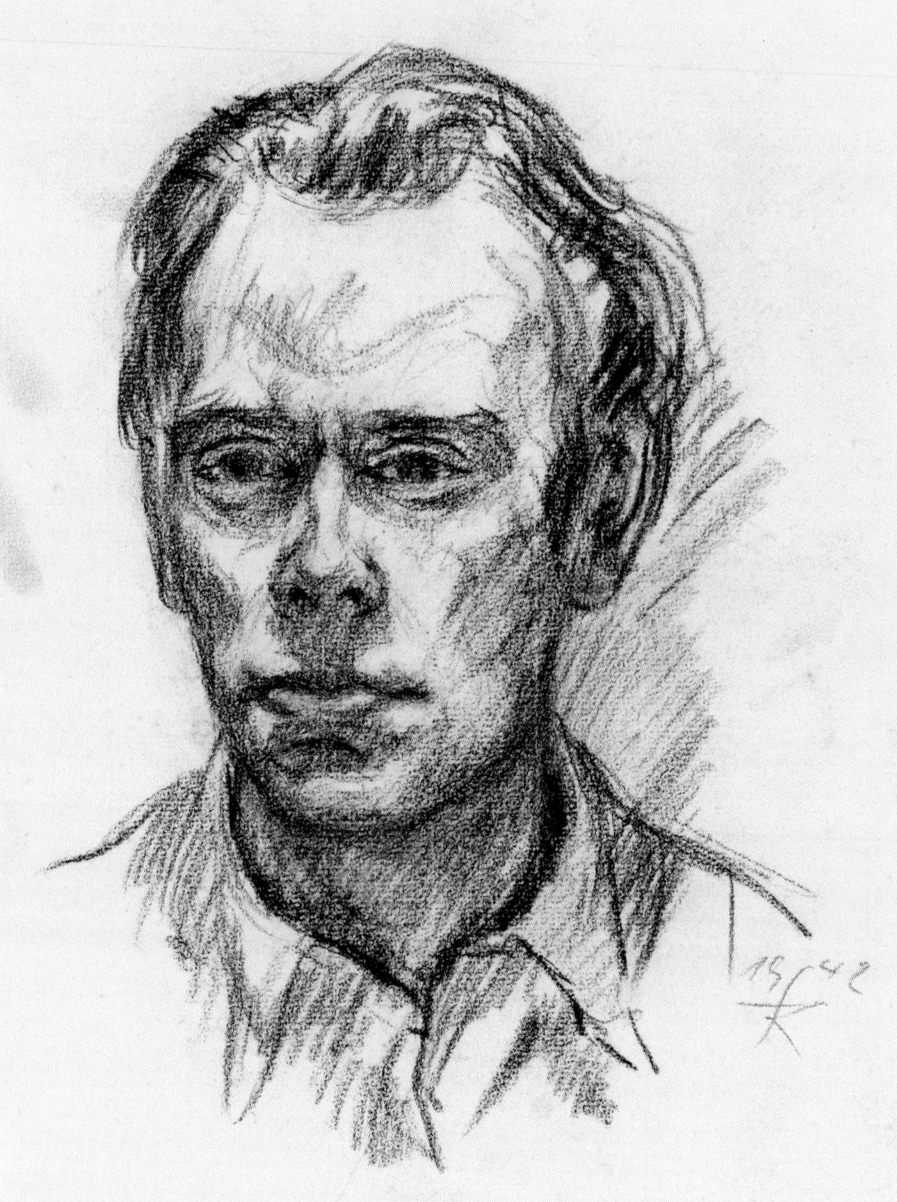

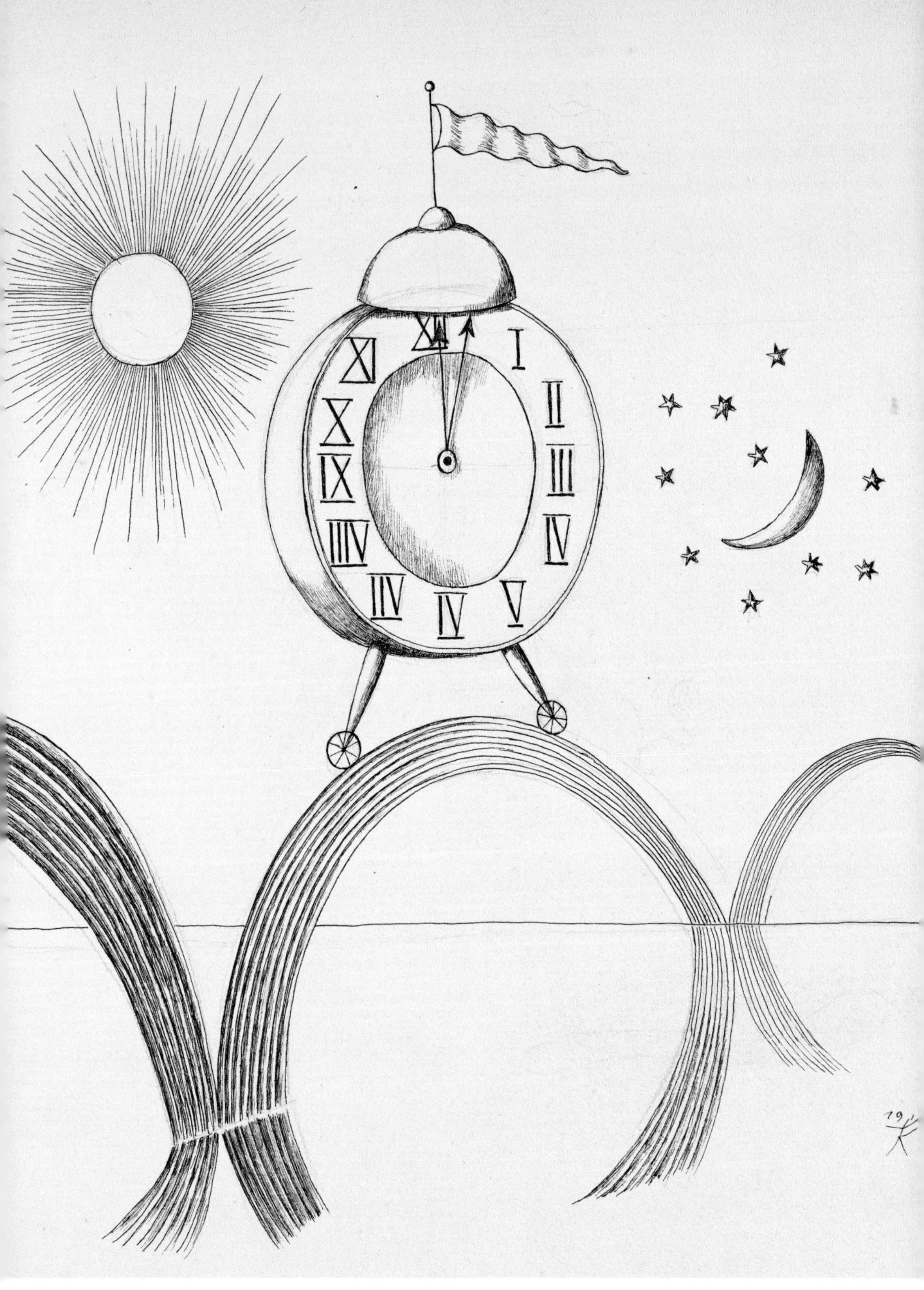

84   *ohne Titel / Untitled*, 1948

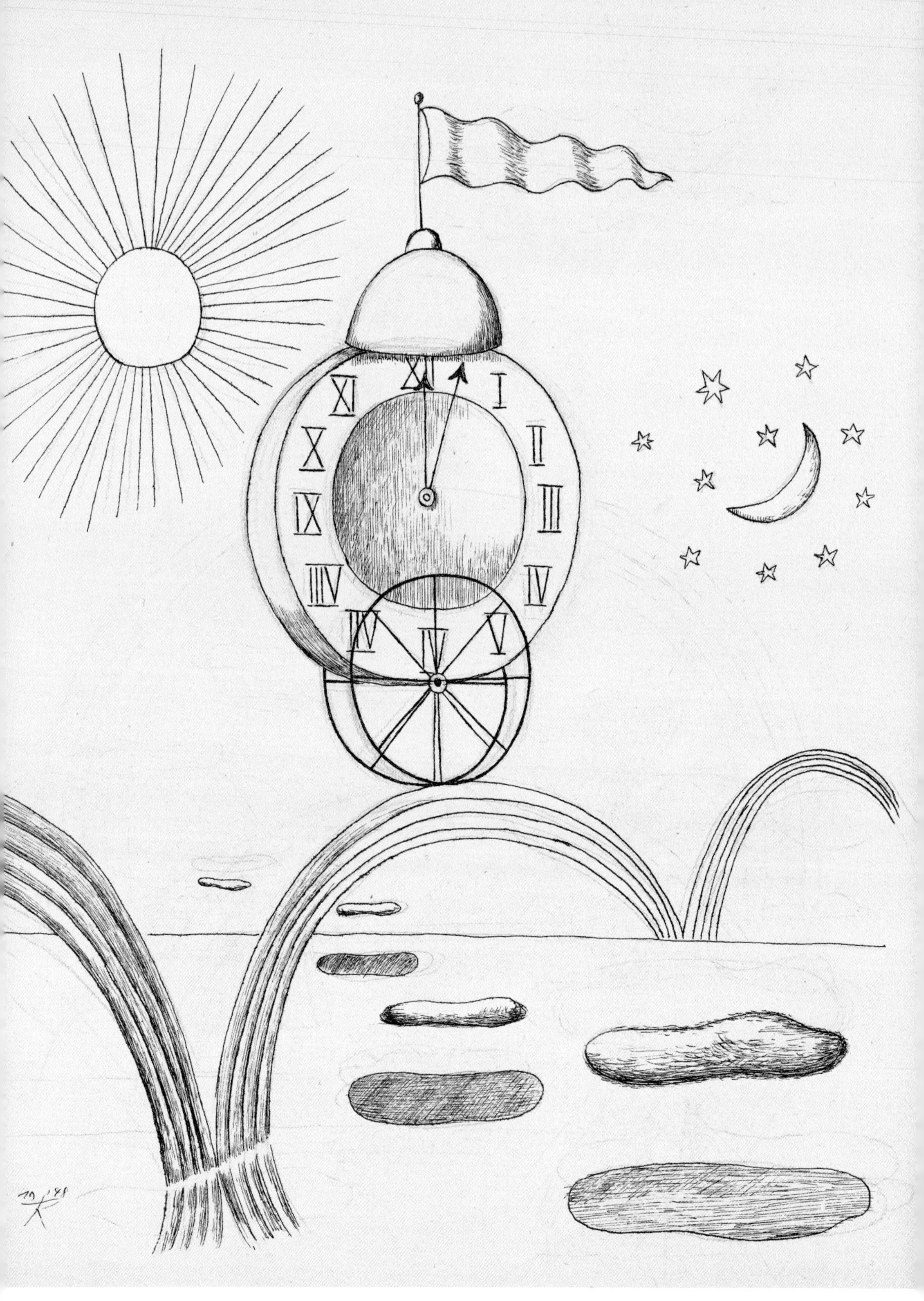

ohne Titel / Untitled, 1948
▶▶ *ohne Titel / Untitled*, 1950er　　

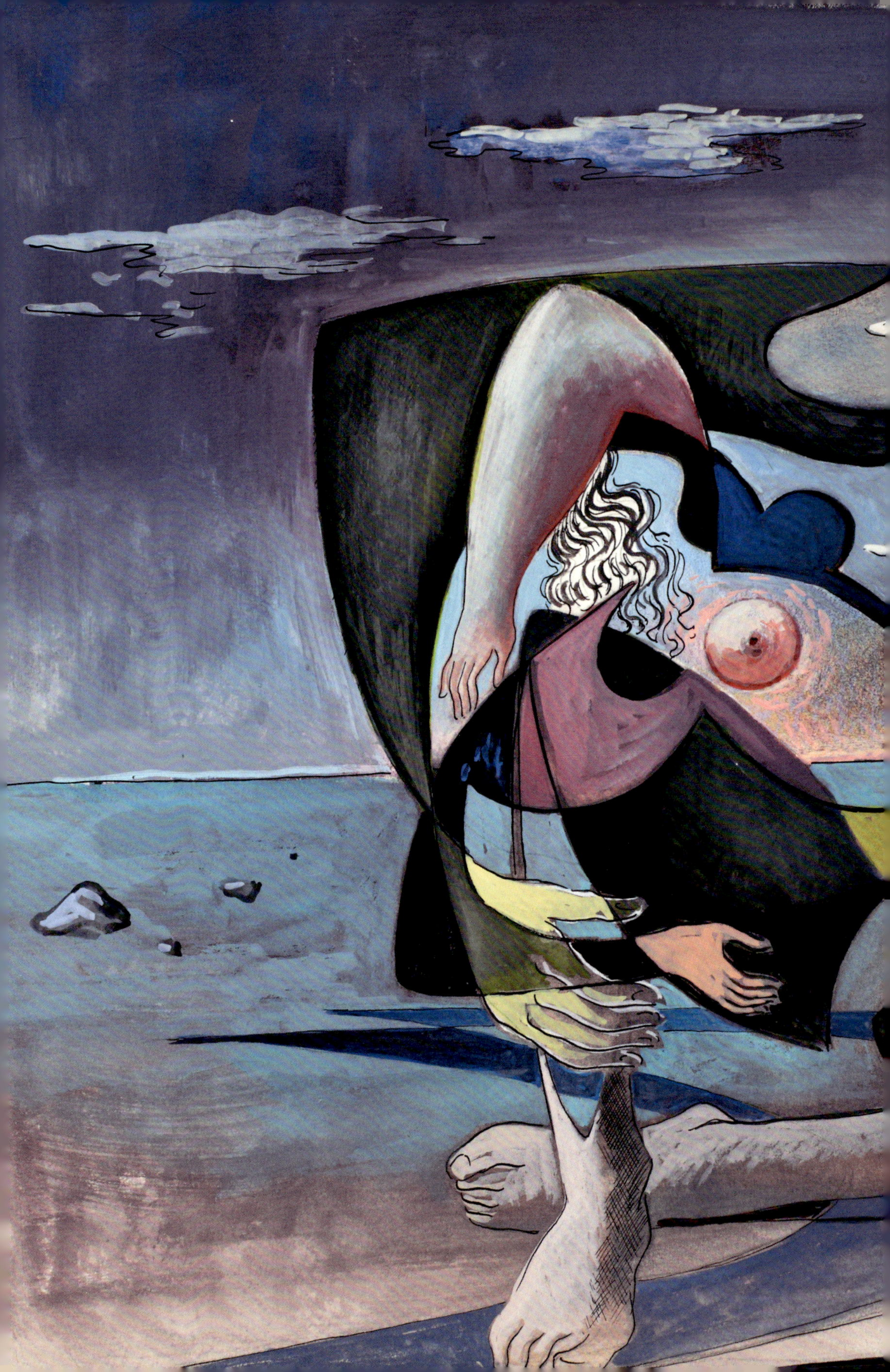

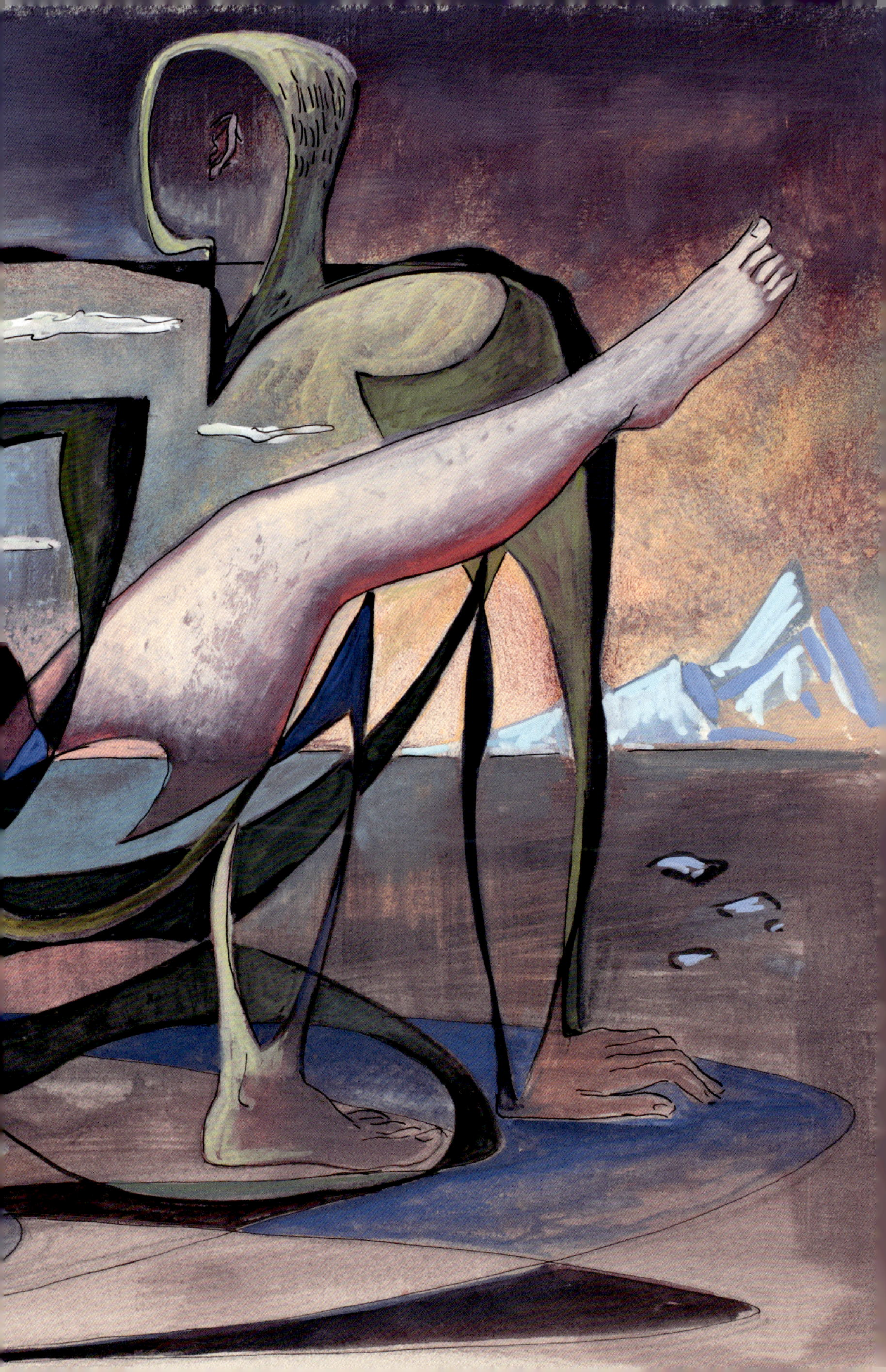

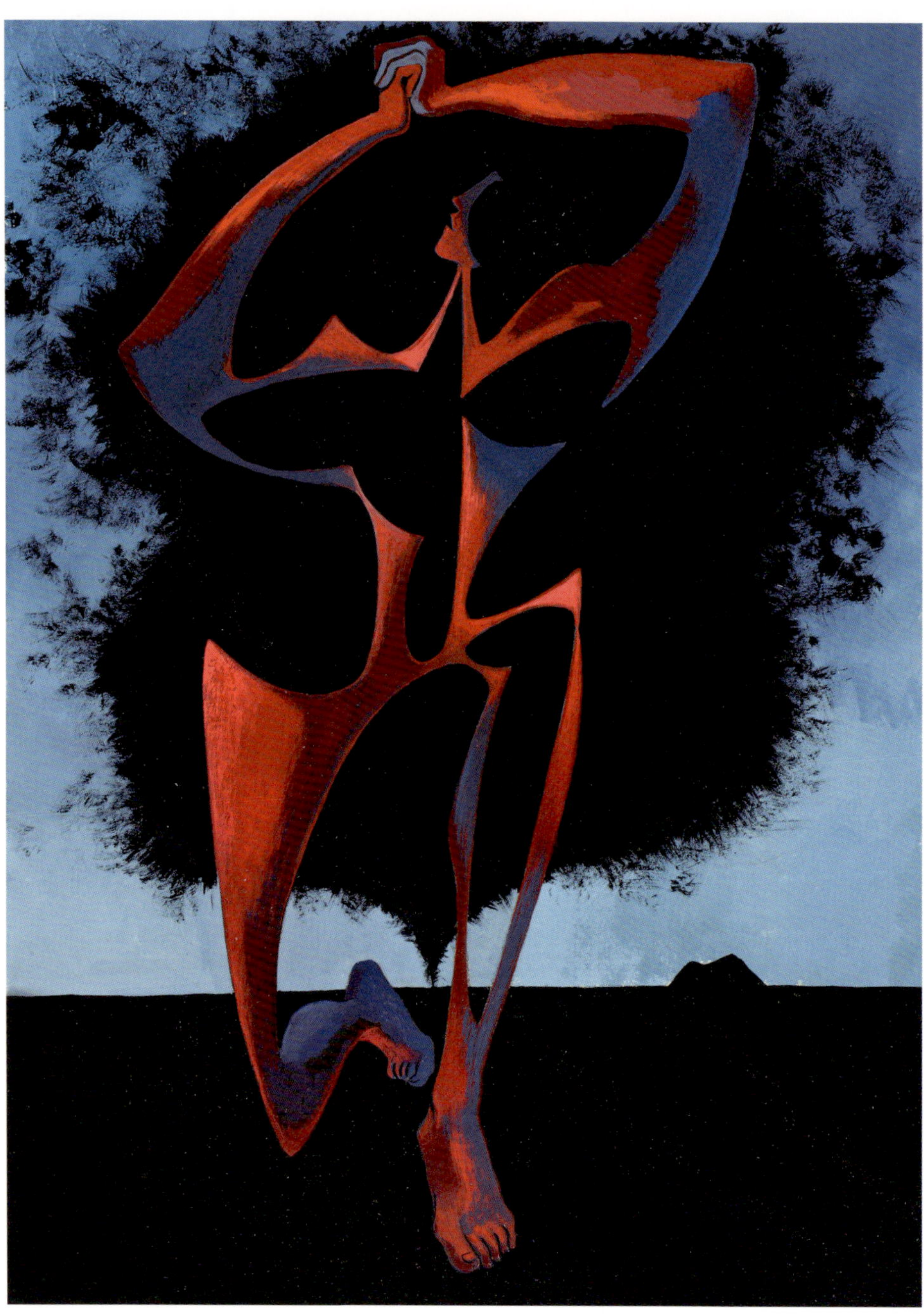

88   *ohne Titel / Untitled*, 1950er

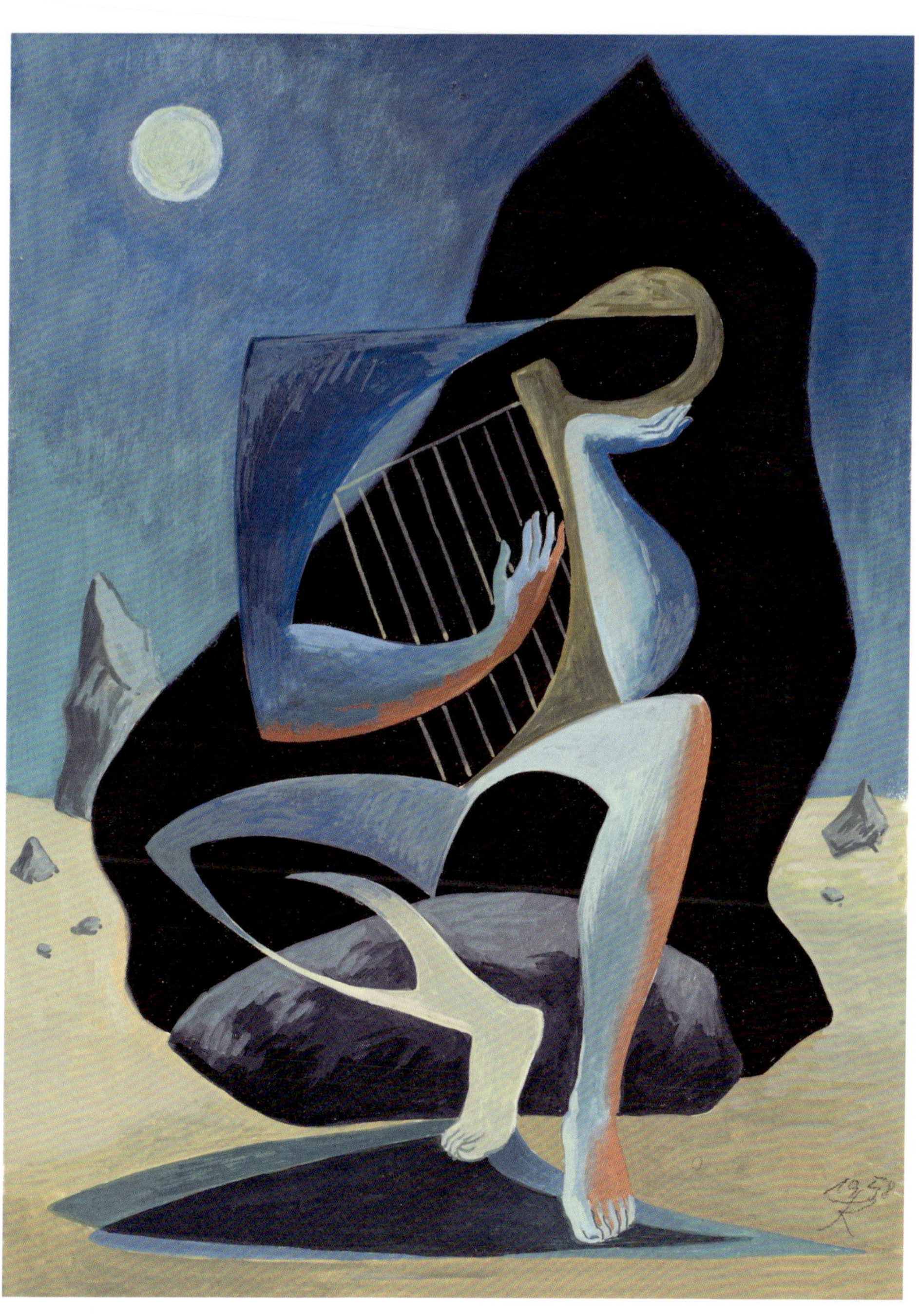

ohne Titel / Untitled, 1958   89

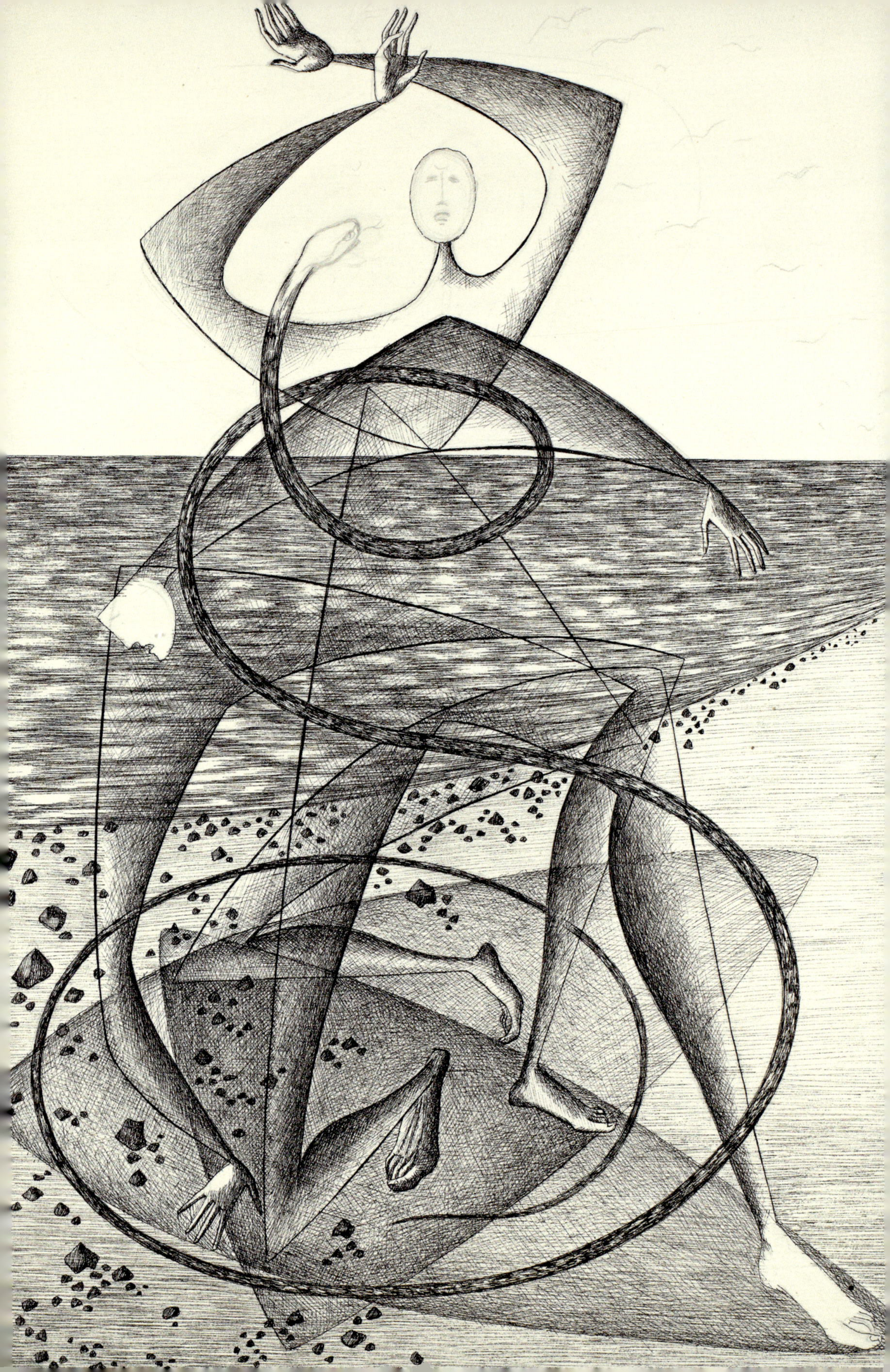

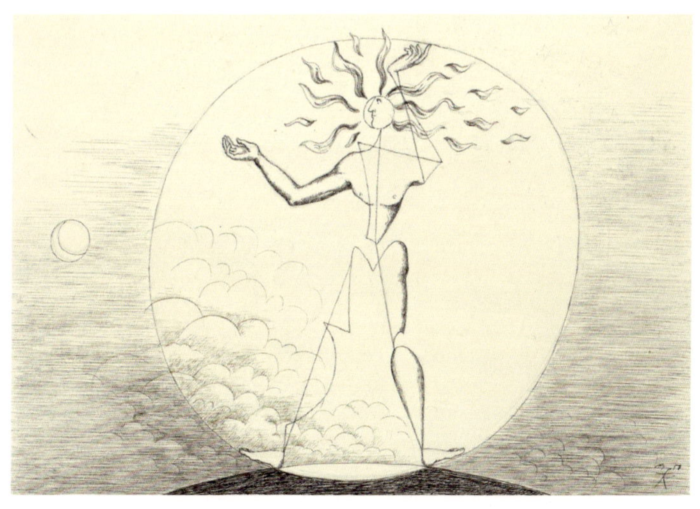

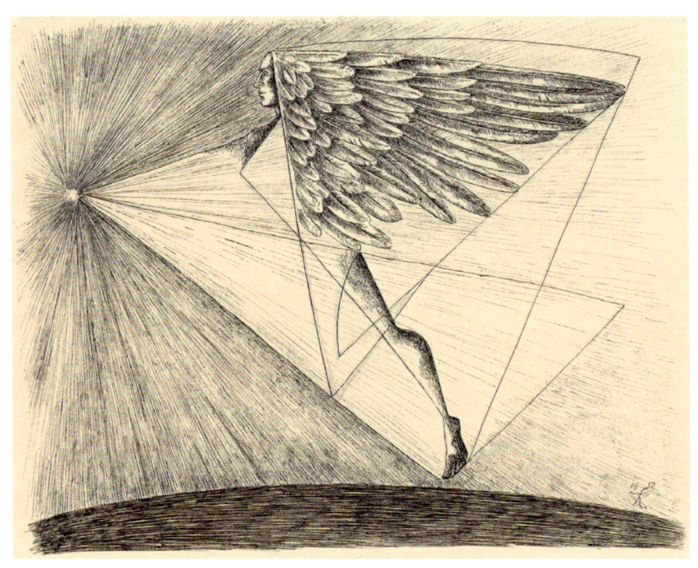

Ikarus, 1950
ohne Titel / Untitled, 1957 ▶

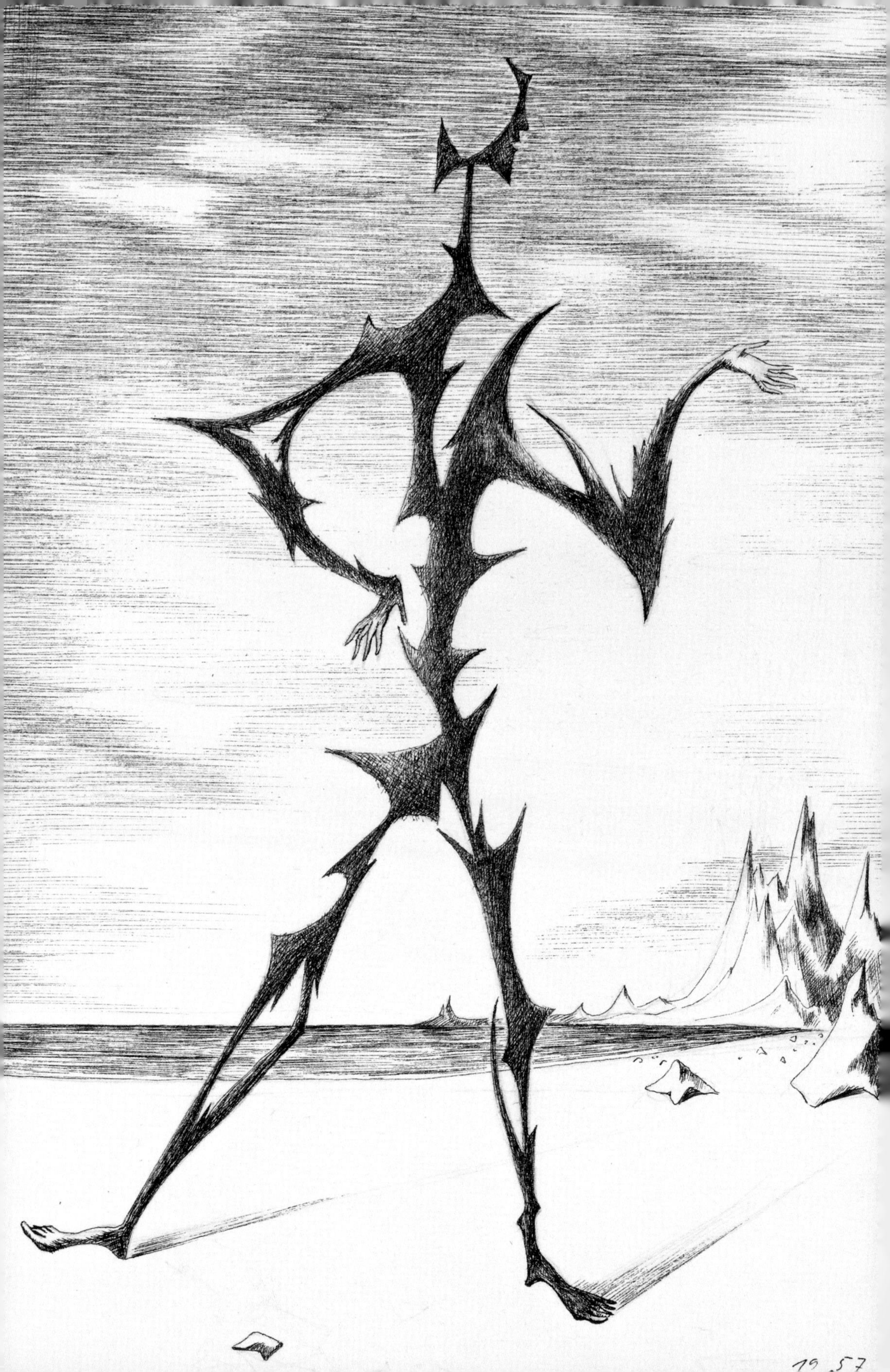
19.57

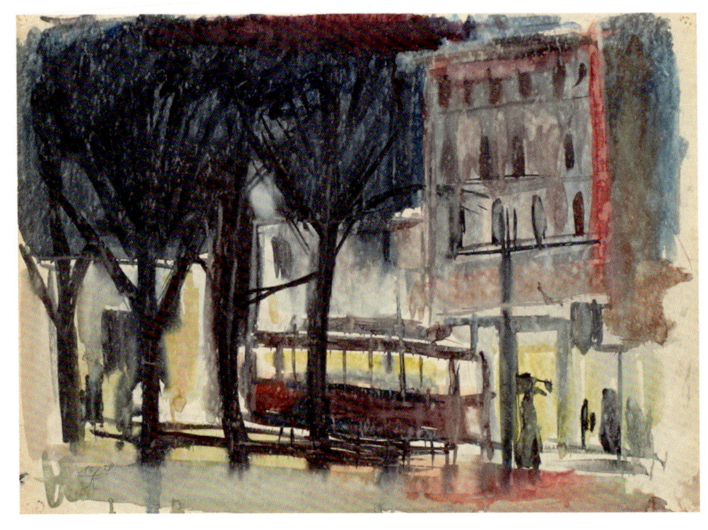

ohne Titel / Untitled, 1938

94   *Spielzeugbude*, 1946 ▶

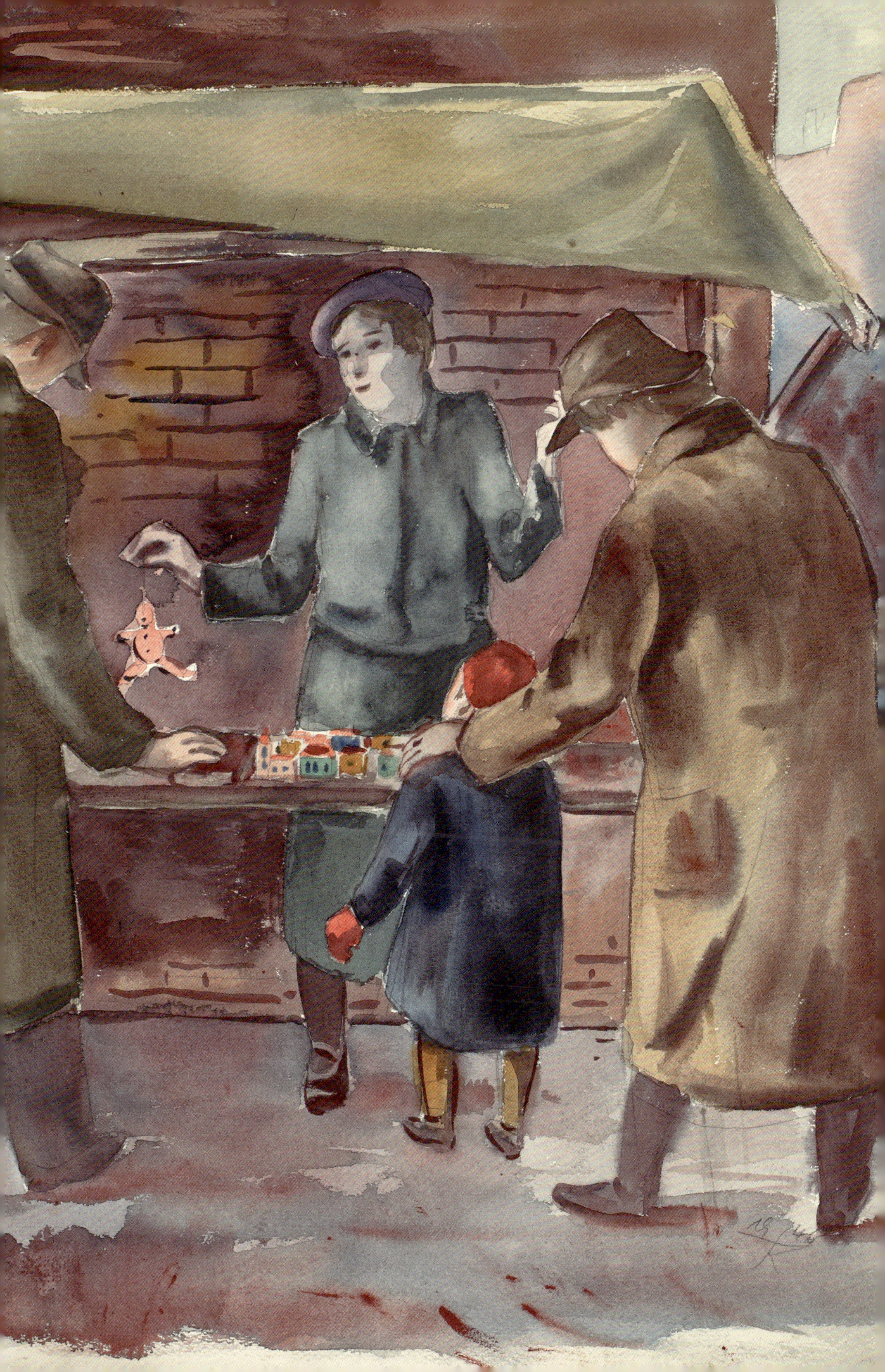

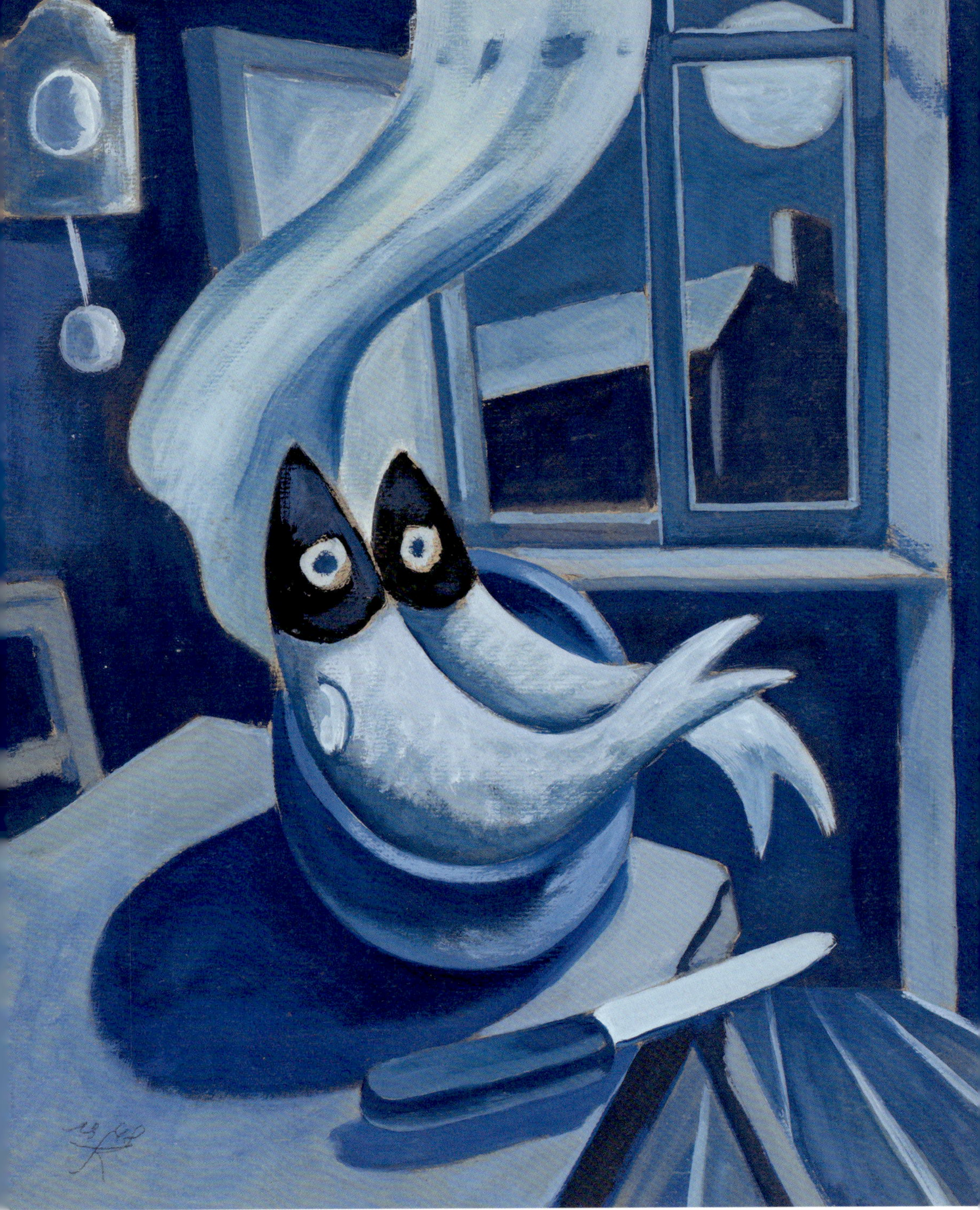

 ohne Titel / Untitled, 1948

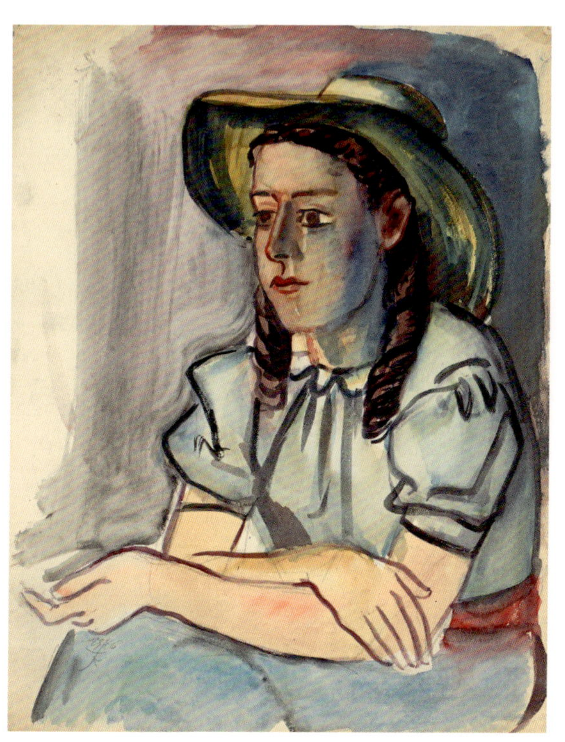

ohne Titel / Untitled, 1946   97

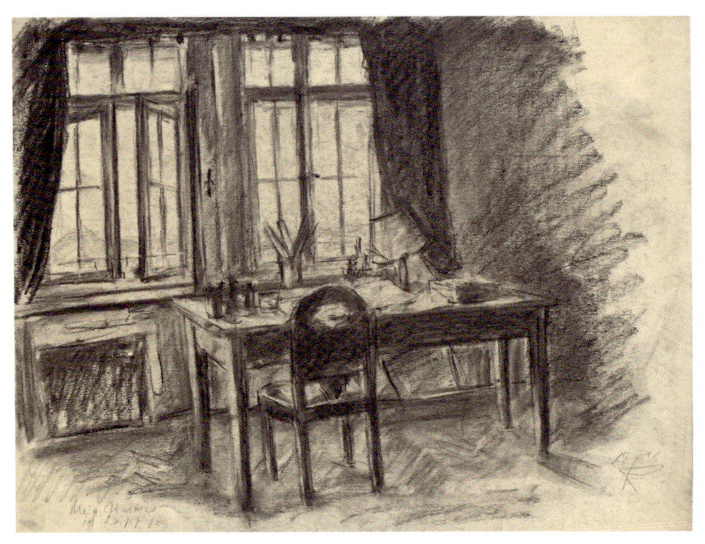

Mein Zimmer in Leipzig, 1936
ohne Titel / Untitled, 1939 ▶

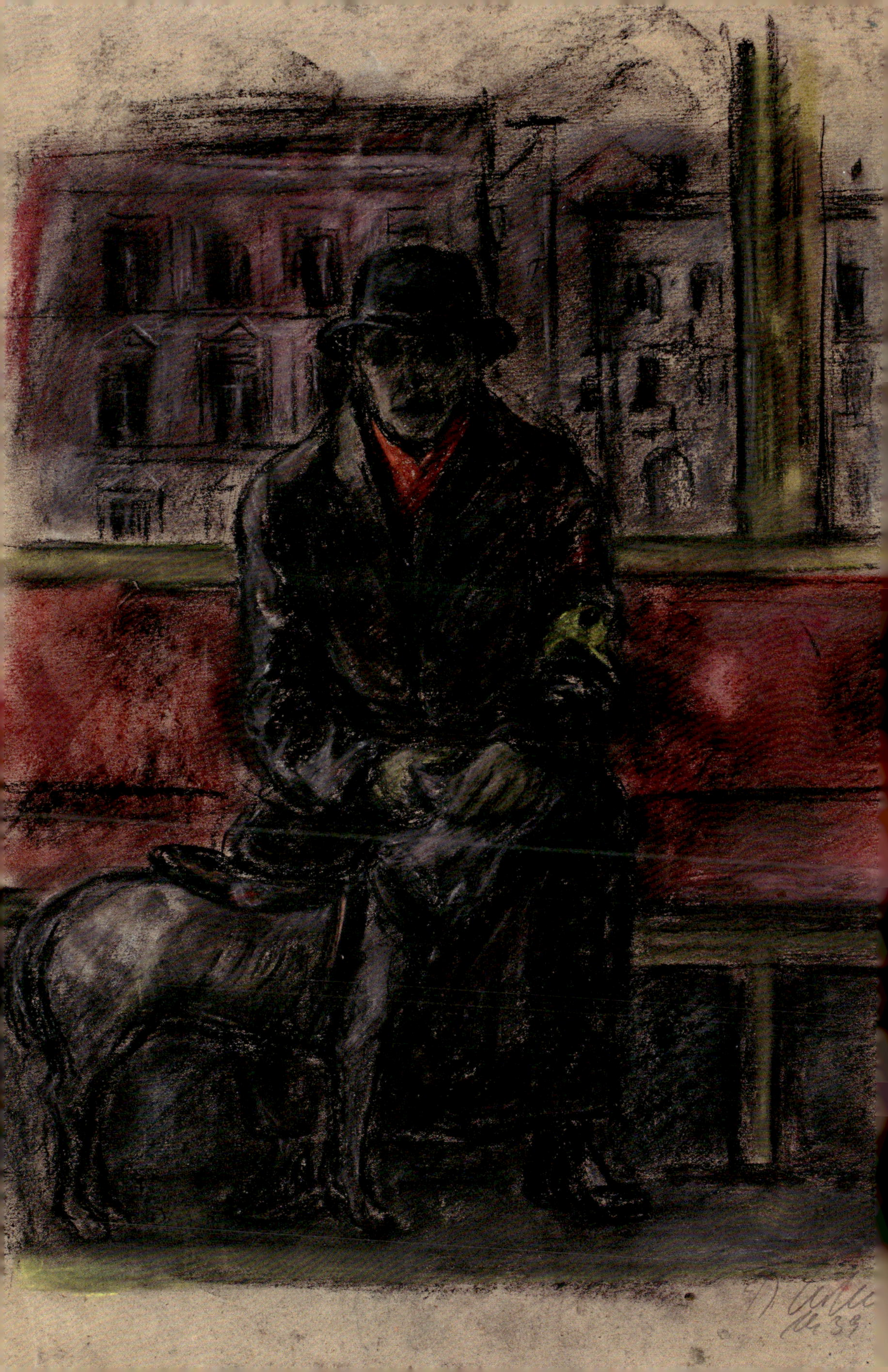

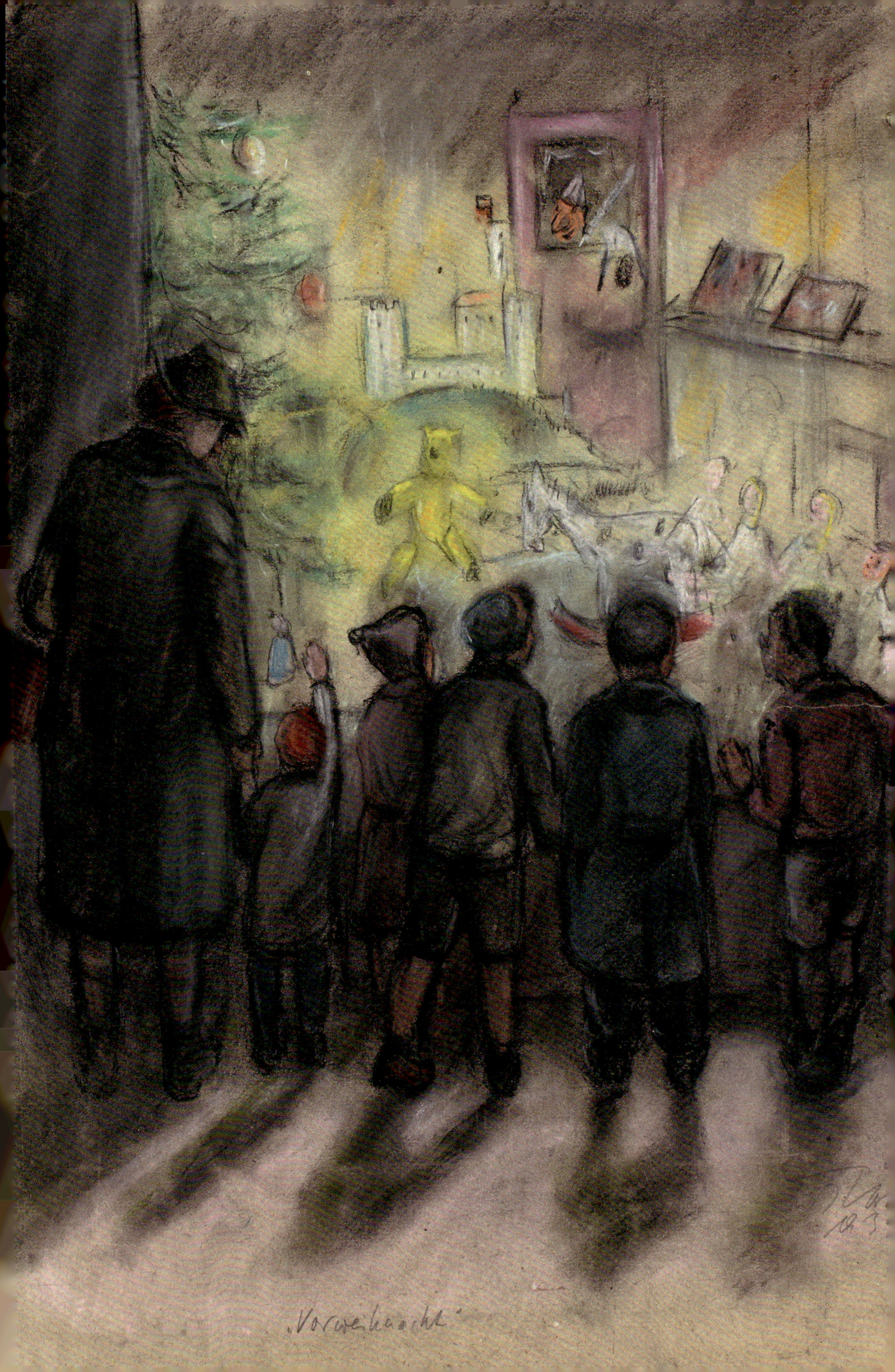

„Vorweihnacht"

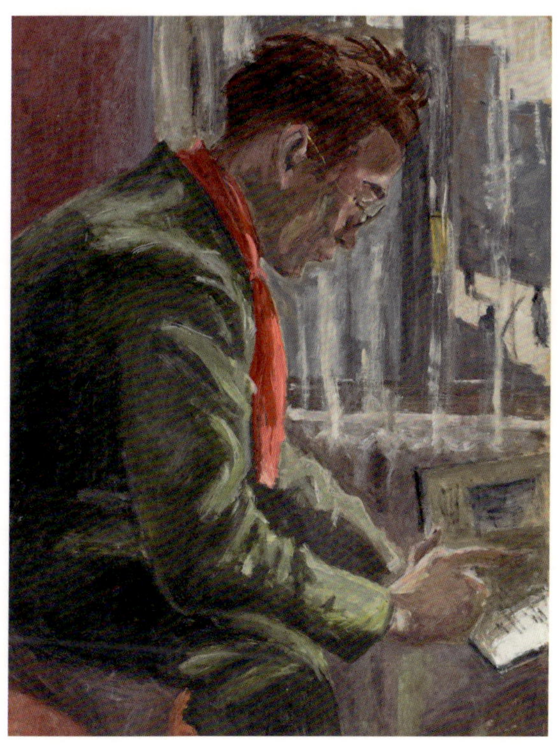

◄ *Vorweihnacht*, 1939
ohne Titel / Untitled, 1939   101

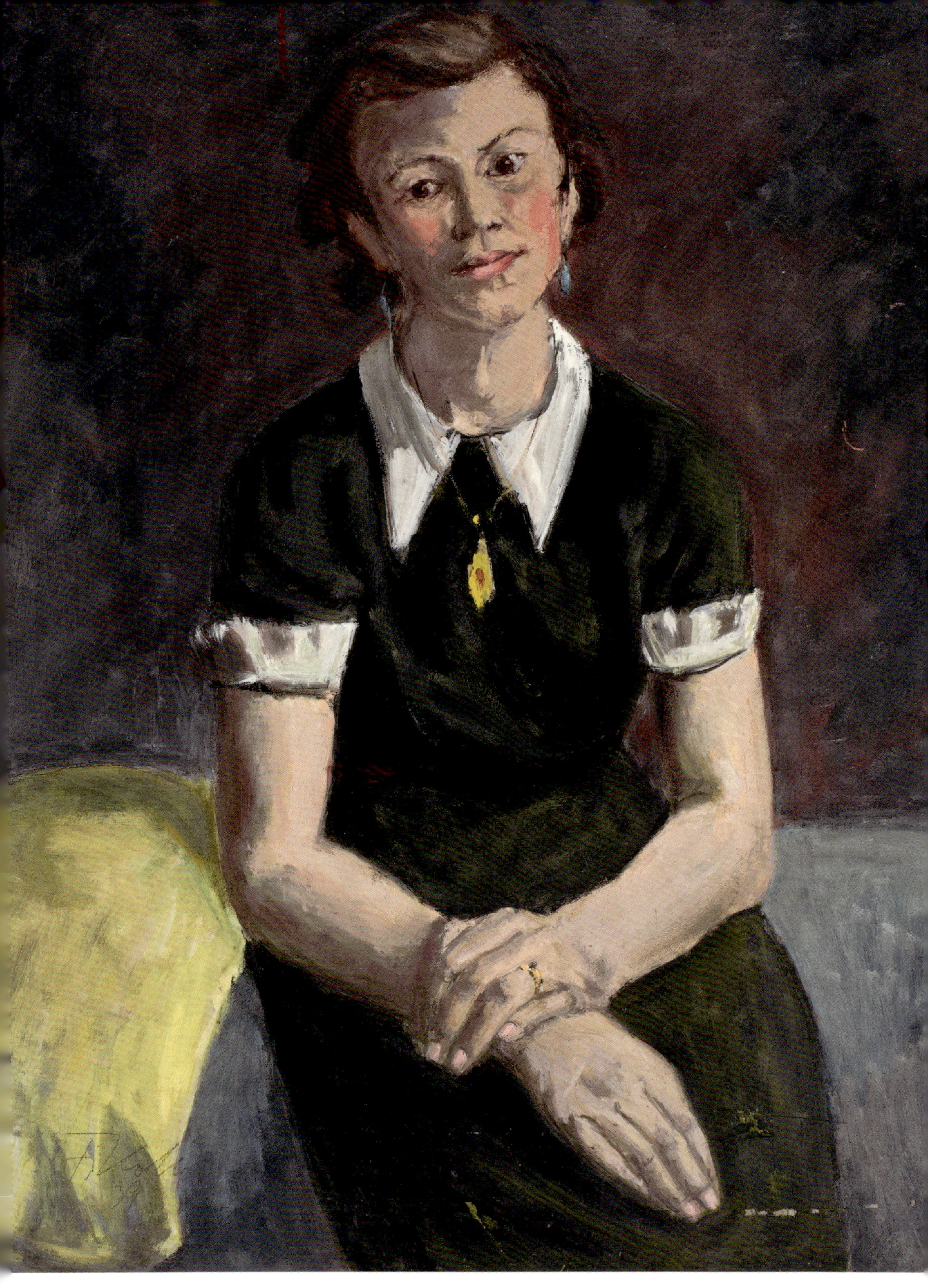

   ohne Titel / Untitled, 1939

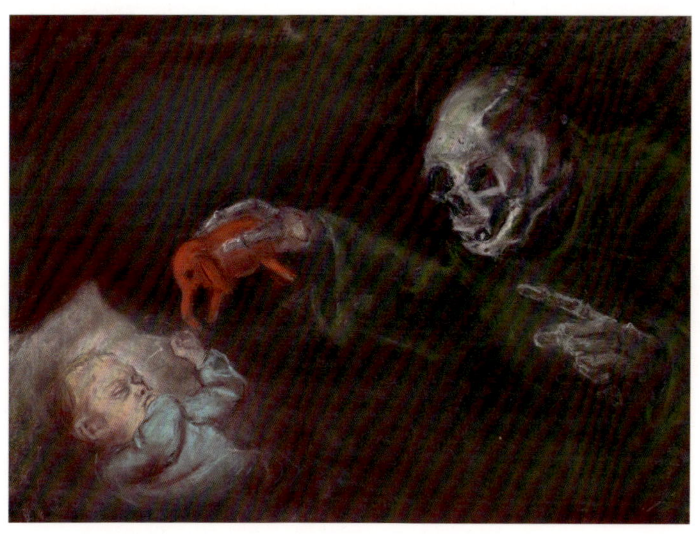

ohne Titel / Untitled, 1939   103

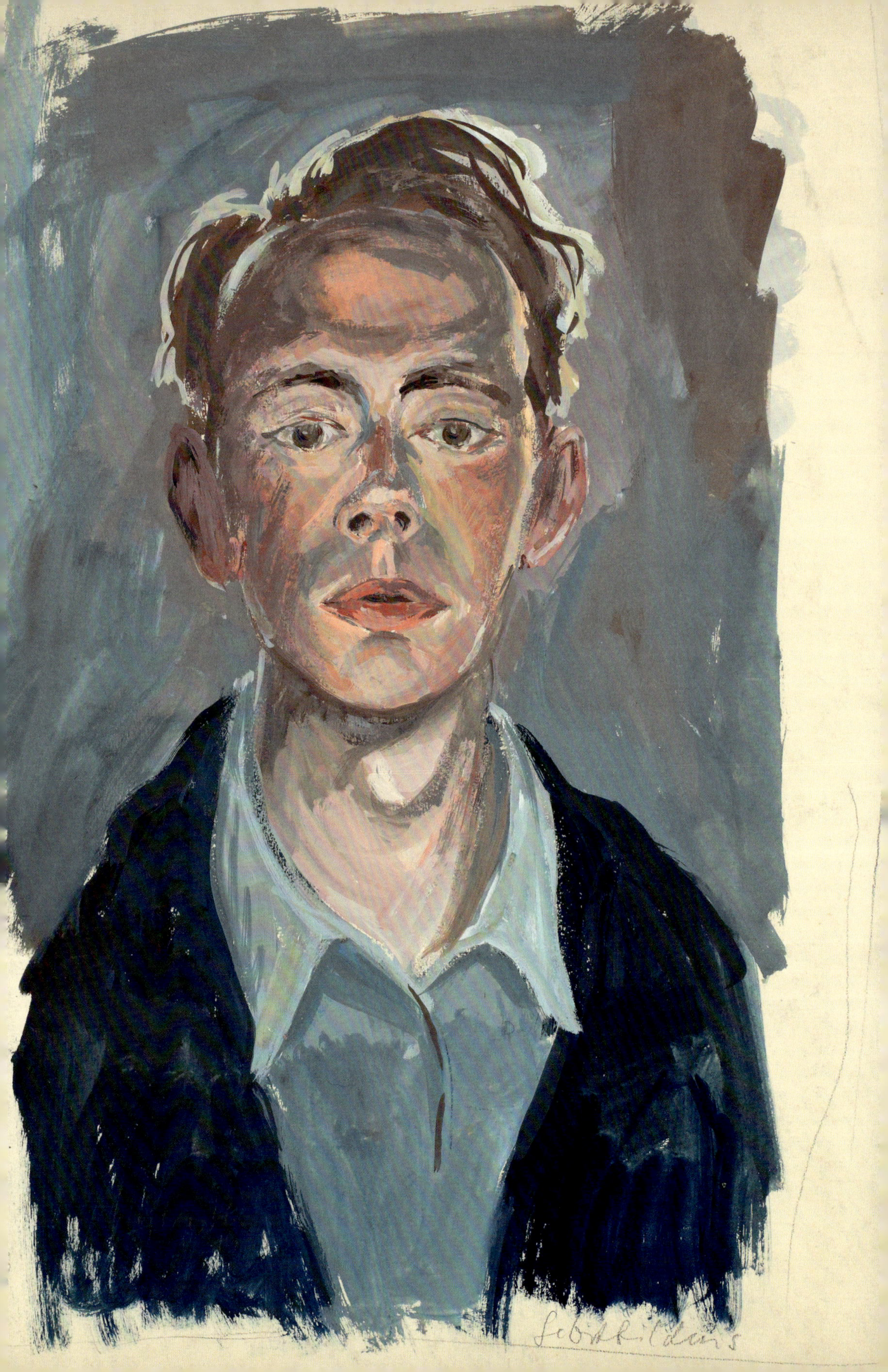

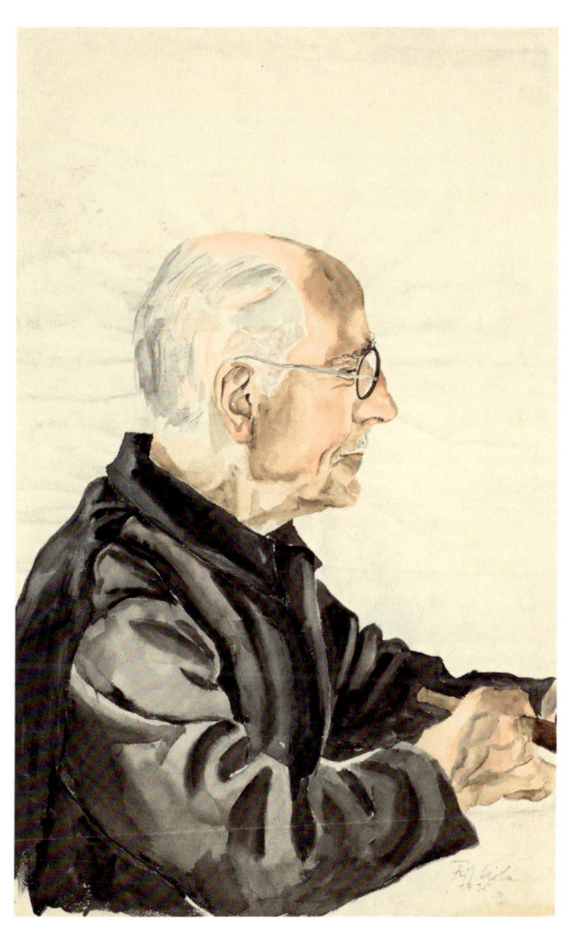

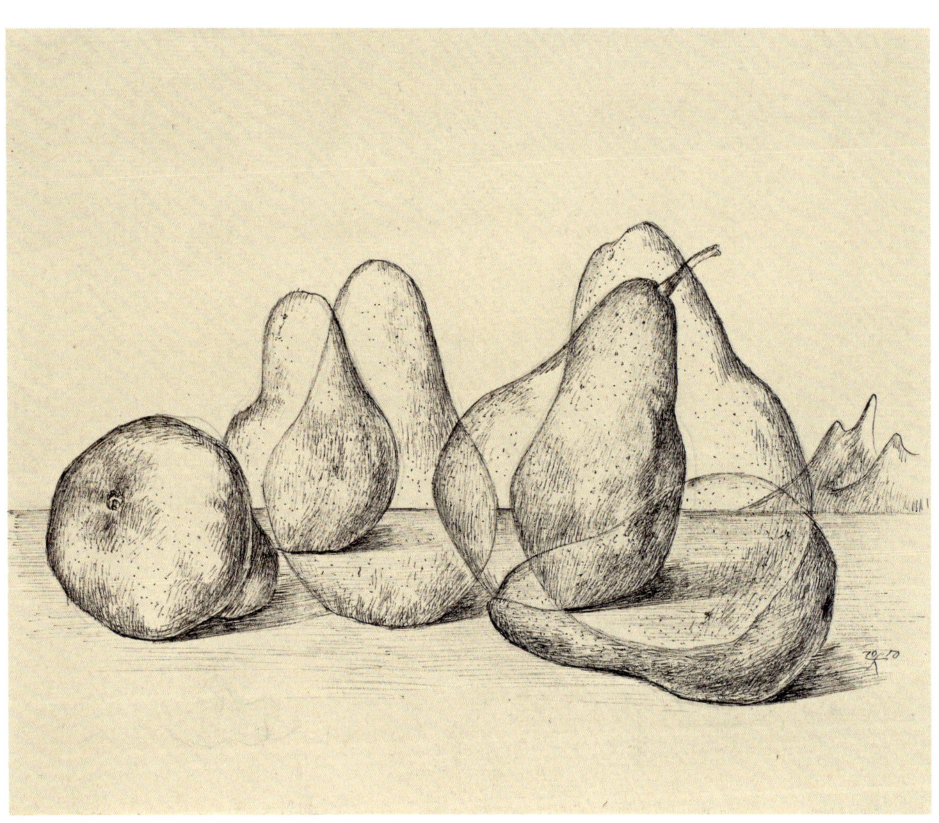

106   *ohne Titel / Untitled*, 1950

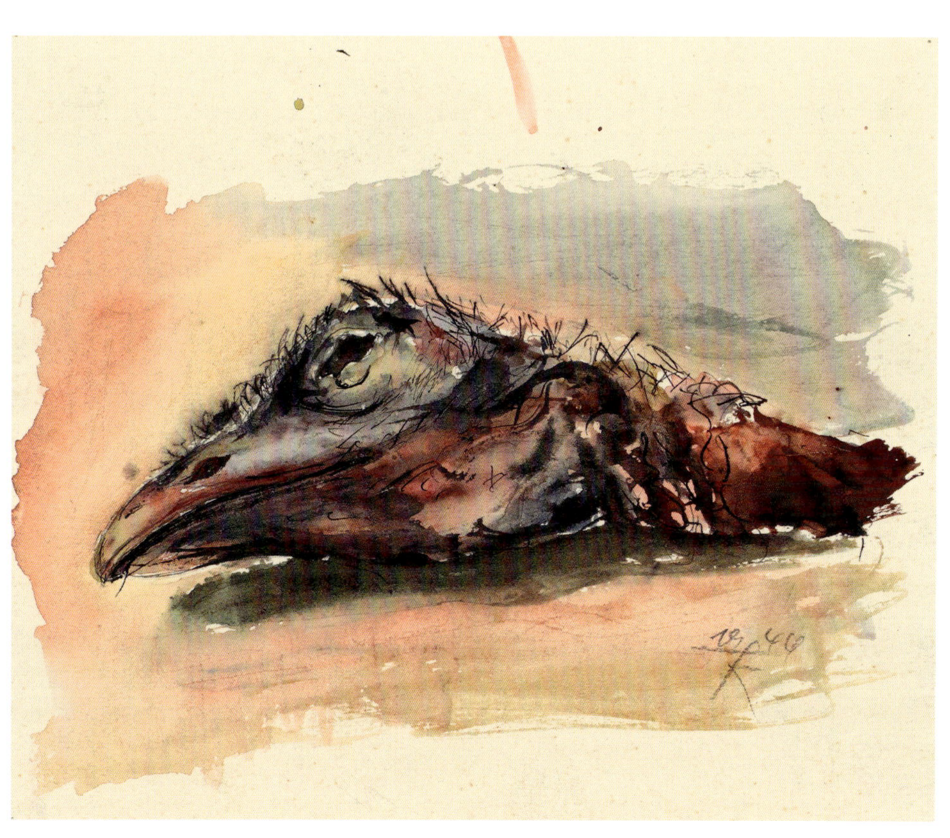

Putenkopf, 1944   107

     ohne Titel / Untitled, 1939

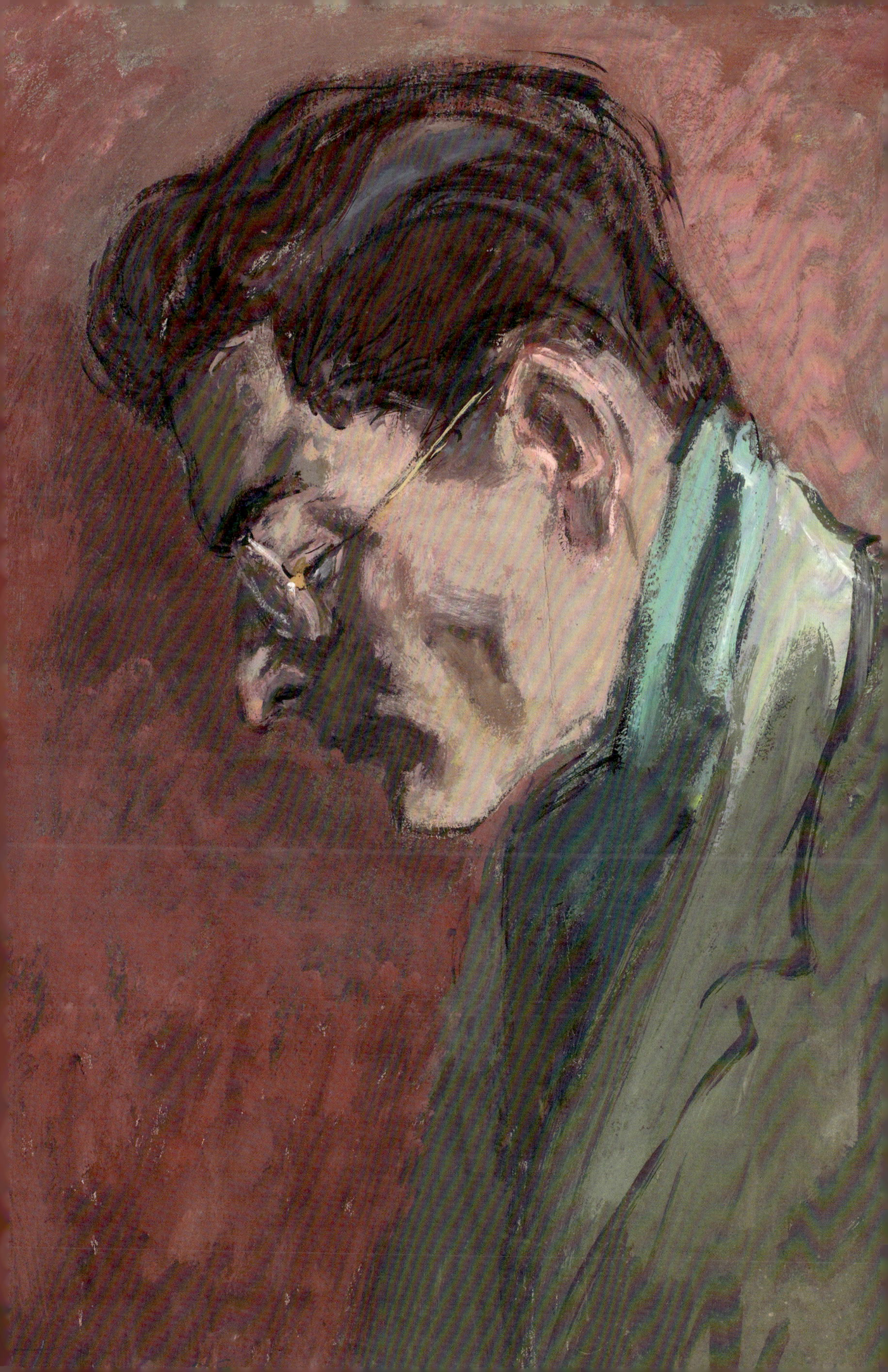

Erika, 2002, Aquarell auf Bütten / watercolor on vat paper, 12 x 15 cm

Susi, 2002, Aquarell auf Bütten / watercolor on vat paper, 12 x 15 cm

Ferrari, 2002, Aquarell auf Bütten / watercolor on vat paper, 15 x 12 cm

38   *Großer Mund*, 1994, Öl auf Leinwand / oil on canvas, 130 x 160 cm

39   *t*, 1966, Aquarell auf Bütten / watercolor on vat paper, 31 x 42 cm

40   *Das Ohr*, 1982, Aquarell auf Bütten / watercolor on vat paper, 27 x 21 cm

41   *Mund am Ohr*, 1982, Aquarell auf Bütten / watercolor on vat paper, 27 x 21 cm

42   *UP*, 1991, Aquarell auf Bütten / watercolor on vat paper, 42 x 30 cm

43   *Pamela*, 1998, Aquarell auf Bütten / watercolor on vat paper, 30 x 24 cm

44/45   *5*, 1993, Öl auf Leinwand / oil on canvas, 50 x 60 cm

46   *MCM*, 1985, Aquarell auf Bütten / watercolor on vat paper, 30 x 24 cm

47   *Urzula*, 1998, Aquarell auf Bütten / watercolor on vat paper, 30 x 25 cm

48/49   *Mund und Augen*, 1981, Aquarell auf Bütten / watercolor on vat paper, 20 x 24 cm

50   (im Uhrzeigersinn von links oben / clockwise from upper left):

S, 1993, Aquarell auf Bütten / watercolor on vat paper, 30 x 24 cm

Blond - schwarzes Haar, 1993, Aquarell auf Bütten / watercolor on vat paper, 30 x 24 cm

Ferrari, 1998, Aquarell auf Bütten / watercolor on vat paper, 30 x 24 cm

Das hellblaue Auge (H.H. Frentzen), 1999, Aquarell auf Bütten /
watercolor on vat paper, 24 x 30 cm

51   (im Uhrzeigersinn von links oben / clockwise from upper left):

Die durchbrochenen Strümpfe, 1993, Aquarell auf Bütten /
watercolor on vat paper, 24 x 30 cm

Hinter dem Grün, 1984, Aquarell auf Bütten / watercolor on vat paper, 32 x 39 cm

Der schwarze Schal, 1994, Aquarell auf Bütten / watercolor on vat paper, 24 x 30 cm

Anja, 1994, Aquarell auf Bütten / watercolor on vat paper, 24 x 30 cm

West, 1998, Aquarell auf Bütten / watercolor on vat paper, 30 x 25 cm

52/53   *2 x Rot*, 1978, Öl auf Leinwand / oil on canvas, 50 x 60 cm

54   *Der große Mund*, 1980, Aquarell auf Bütten / watercolor on vat paper, 10 x 8 cm

55   *9*, 1993, Öl auf Leinwand / oil on canvas, 60 x 50 cm

56 (im Uhrzeigersinn von links oben / clockwise from upper left):

Drei Augen, 1995, Aquarell auf Bütten / watercolor on vat paper, 24 x 31 cm

Von rechts oben, 1981, Aquarell auf Bütten / watercolor on vat paper, 10 x 8 cm

Blaues Auge, heller Mund, 2002, Aquarell auf Bütten /

watercolor on vat paper, 12 x 15 cm

Übereinander, 1995, Aquarell auf Bütten / watercolor on vat paper, 30 x 24 cm

Schräger Mund, 1979, Aquarell auf Bütten / watercolor on vat paper, 22 x 30 cm

57 *Roter Mund*, 2001, Aquarell auf Bütten / watercolor on vat paper, 15 x 12 cm

58 (im Uhrzeigersinn von links oben / clockwise from upper left):

Zwei Lippen, 1978, Kohle auf Bütten / charcoal on vat paper, 51 x 65 cm

Großer Busen, 1979, Kohle auf Papier / charcoal on paper, 50 x 60 cm

Oben und unten, 1981, Kohle auf Papier / charcoal on paper, 30 x 35 cm

Mund nach rechts, 1981, Kohle auf Papier / charcoal on paper, 35 x 30 cm

59 *?*, 1972, Kohle auf Bütten / charcoal on vat paper, 85 x 73 cm

60/61 *ohne Titel / Untitled*, 1960er, Linoldruck auf Bütten / linocut on vat paper, 37,5 x 56 cm

62/63 *ohne Titel / Untitled*, 1960er, Linoldruck auf Bütten / linocut on vat paper, 36 x 56 cm

64 *ohne Titel / Untitled*, 1949, Linoldruck auf Papier / linocut on paper, 32,5 x 21,5 cm

65 *ohne Titel / Untitled*, 1949, Linoldruck auf Papier / linocut on paper, 31,4 x 23 cm

66 *ohne Titel / Untitled*, 1948, Linoldruck auf Papier / linocut on paper, 35,5 x 18 cm

67 *ohne Titel / Untitled*, 1948, Linoldruck auf Papier / linocut on paper, 38,5 x 32 cm

68 *Mappe, Mythologische Bilder*, 6 Original-Lithografien und 1 Original-Radierung

von Köthe mit einem Vorwort von Carl Laszlo / 6 original lithographs and 1 original

etching by Köthe with a foreword by Carl Laszlo, Edition Menz Bale, 1962

69 *ohne Titel / Untitled*, 1958, Federzeichnung auf Bütten / ink on vat paper, 40 x 27 cm

70 *ohne Titel / Untitled*, 1959, Federzeichnung auf Bütten / ink on vat paper, 40 x 29,5 cm

71 *ohne Titel/ Untitled*, 1958, Federzeichnung auf Bütten / ink on vat paper, 40 x 30 cm

ohne Titel / Untitled, 1958, Federzeichnung auf Bütten / ink on vat paper, 40 x 27 cm

72 *ohne Titel / Untitled*, 1947, Kohle auf Papier / charcoal on paper, 48 x 37 cm

73 (im Uhrzeigersinn von links oben / clockwise from upper left):

ohne Titel / Untitled, 1947, Kohle auf Papier / charcoal on paper, 42,5 x 30,3 cm

ohne Titel / Untitled, 1947, Kohle auf Papier / charcoal on paper, 47 x 40 cm

ohne Titel / Untitled, 1947, Kohle auf Papier / charcoal on paper, 50 x 35 cm

ohne Titel / Untitled, 1944, Bleistift auf Papier / pencil on paper, 25 x 35 cm

ohne Titel / Untitled, 1947, Kohle auf Papier / charcoal on paper, 52 x 40 cm

ohne Titel / Untitled, 1944, Kohle auf Papier / charcoal on paper, 34 x 42,5 cm

ohne Titel / Untitled, 1946, Kohle auf Papier / charcoal on paper, 51 x 37,5 cm

74 *Liegender Akt*, 1947, Aquarell auf Papier / watercolor on paper, 39,5 x 60 cm

Frau auf Sofa, 1943, Kreide auf Papier / crayon on paper, 50,5 x 54 cm

75 *ohne Titel / Untitled*, 1947, Kohle auf Papier / charcoal on paper, 48,3 x 30,3 cm

76 *ohne Titel / Untitled*, 1947, Kohle auf Papier / charcoal on paper, 44,8 x 31,3 cm

77 *ohne Titel / Untitled*, 1939, Kohle auf Papier / charcoal on paper, 55 x 33 cm

78 *ohne Titel / Untitled*, 1939, Gouache auf Bütten / gouache on vat paper, 45,5 x 37 cm

79 *Bei Danzig*, 1944, Aquarell auf Papier / watercolor on paper, 39,3 x 49 cm

80 *An der Getschiner Straße*, 1938, Gouache auf Bütten / gouache on vat paper, 50 x 61 cm

81 *Der Urbanhafen*, 1938, Gouache auf Bütten / gouache on vat paper, 50 x 60 cm

82 *Selbstbildnis*, 1938, Gouache auf Bütten / gouache on vat paper, 45 x 26 cm

83 *ohne Titel / Untitled*, 1942, Kohle auf Papier / charcoal on paper, 46,5 x 31 cm

84 *ohne Titel / Untitled*, 1948, Federzeichnung auf Bütten / ink on vat paper, 36 x 26 cm

85 *ohne Titel / Untitled*, 1948, Federzeichnung auf Bütten / ink on vat paper, 36 x 26 cm

86/87 *ohne Titel / Untitled*, 1950er, Aquarell auf Papier / watercolor on paper, 32 x 42 cm

88 *ohne Titel / Untitled*, 1950er, Aquarell auf Papier / watercolor on paper, 38,5 x 31 cm

89 *ohne Titel / Untitled*, 1958, Gouache auf Bütten / gouache on vat paper, 36 x 26 cm

90 *ohne Titel / Untitled*, 1950er, Federzeichnung auf Bütten / ink on vat paper, 30 x 23 cm

91 *ohne Titel / Untitled*, 1950er, Federzeichnung auf Bütten / ink on vat paper, 20,5 x 29,5 cm

92 *Ikarus*, 1950, Federzeichnung auf Papier / ink on paper, 24,5 x 31,5 cm

93 *ohne Titel / Untitled*, 1957, Federzeichnung auf Bütten / ink on vat paper, 25 x 16 cm

94 *ohne Titel / Untitled*, 1938, Aquarell auf Papier / watercolor on paper, 35 x 62,5 cm

95 *Spielzeugbude*, 1946, Aquarell auf Papier / watercolor on paper, 43,5 x 61,5 cm

96   *ohne Titel / Untitled*, 1948, Gouache auf Bütten / gouache on vat paper, 51 x 43,5 cm

97   *ohne Titel / Untitled*, 1946, Aquarell auf Papier / watercolor on paper, 64,8 x 50 cm

98   *Mein Zimmer in Leipzig*, 1936, Bleistift auf Papier / pencil on paper, 31 x 42 cm

99   *ohne Titel / Untitled*, 1939, Kreide auf Papier / crayon on paper, 59 x 47 cm

100   *Vorweihnacht*, 1939, Kreide auf Papier / crayon on paper, 59 x 48 cm

101   *ohne Titel / Untitled*, 1939, Gouache auf Papier / gouache on paper, 64,8 x 50,5 cm

102   *ohne Titel / Untitled*, 1939, Gouache auf Pappe / gouache on paperboard, 64 x 51 cm

103   *ohne Titel / Untitled*, 1939, Kreide auf Papier / crayon on paper, 53,5 x 64,5 cm

104   *Selbstbildnis*, 1938, Gouache auf Karton / gouache on cardboard, 55 x 36,5 cm

105   *ohne Titel / Untitled*, 1935, Aquarell auf Papier / watercolor on paper, 63 x 40 cm

106   *ohne Titel / Untitled*, 1950, Federzeichnung auf Bütten / ink on vat paper, 24 x 31,5 cm

107   *Putenkopf*, 1944, Aquarell auf Bütten / watercolor on vat paper, 17 x 20,5 cm

109   *ohne Titel / Untitled*, 1939, Gouache auf Bütten / gouache on vat paper, 59 x 45 cm

1916	am 26. September in Berlin geboren
1931	Malerlehre bei Gössler & Sohn
1935	Besuch der Graphischen Fachschule Berlin
	Begegnung mit Otto Nagel und Käthe Kollwitz
1936	Studium an der Staatlichen Akademie für graphische Künste, Leipzig
1940	Begegnung mit A.W. Dressler
1943	Atelier an der Klosterstraße, das ein Jahr später ausgebombt wird
1945	Kriegsende in Zeuthen, im Herbst wieder in Berlin, Atelier Pohlstraße
1946	Beteiligung an den ersten Nachkriegs-Ausstellungen
1947	Tätigkeit an der Modeschule Wolf und Pressezeichnerschule Skid
1951	Eheschließung mit Lieselotte Fenzlau, Verbindung mit Rudolf Springer,
	Tätigkeit für den »Textil-Report«
1956	Übersiedlung nach Stuttgart, freier Mitarbeiter der »Textil-Woche«
1960	Freischaffender Maler in Berlin
1961	Verbindung zu Carl Laszlo
1963	erste Straßen-Bilder und Verkehrszeichen
1964	erste Plakate, erste deutsche Einzelausstellung in der Galerie Springer, Berlin
1965	erste Plakatzerreißungen, Einzelausstellungen in Wesel (Schloss Ringenberg)
	und Köln (Tobiès & Silex)
1966	Einzelausstellung in Düsseldorf (Niepel)
1967	erste Einzelausstellung in Kopenhagen (Passepartout),
	seither Ausstellungen u.a. in Berlin (Wargin, Lietzow, 2000), Frankfurt (Lichter),
	München (Ketterer), Stuttgart, Deidesheim, Nordhorn,
	Villingen-Schwenningen, Kopenhagen, Hälsingborg, Tokio
1972	große Retrospektive in der Orangerie des Schlosses Charlottenburg
	(Neuer Berliner Kunstverein)
1975	Mappe »Decollagen« im Druck der Dietz-Offizin, Beteiligung am Wandbild
	»Weltenbaum« von Ben Wargin im Berliner Hansa-Viertel

1976   erscheint zum 60. Geburtstag des Künstlers die erste umfangreiche
        Monografie von Heinz Ohff

1977   Verbindung mit Galerie Wilbrand, Köln, die das Werk des Künstlers
        vertritt und regelmäßig ausstellt
        Ausstellungsbeteiligungen *Europalia*, Brüssel, und *Berlin Now*, New York

1978   Ausstellung im Westfälischen Kunstverein, Münster
        erste Ausstellung in Paris (Darthea Speyer)

1979   One-man-show auf der ART Basel und dem Kölner Kunstmarkt
        Ausstellungen Leopold-Hoesch-Museum, Düren
        Kunstverein Augsburg und Kunstverein Neustadt

1986   Ausstellung zum 70. Geburtstag mit Aquarellen und Zeichnungen im
        Leopold-Hoesch-Museum, Düren
        Bilder aus vier Jahrzehnten, Galerie Wilbrand, Köln
        Galerie 2000 – Berlin

1991   Wanderausstellung zum 75. Geburtstag

1993   Eva Cohon Gallery, Chicago

2001   *Malerei aus fünf Jahrzehnten*, Galerie Dieter Wilbrand, Köln

2005   stirbt Fritz Köthe in Berlin

1916	Born in Berlin on September 26
1931	Apprenticeship as a painter and decorator at Gössler & Sohn
1935	Visits the Technical School for Graphics in Berlin. Acquaintance with Otto Nagel and Käthe Kollwitz
1936	Studies at the Academy for Design, Leipzig
1940	Acquaintance with A.W. Dressler
1943	Artist studio in Klosterstraße, destroyed by bombs in 1944
1945	Is residing in Zeuthen at the end of the war, back in Berlin in autumn, sets up a studio in Pohlstraße
1946	First exhibitions after the war
1947	Works at Wolf School for Fashion and Skid School for Press Printing and Design
1951	Marries Lieselotte Fenzlau, encounter with Rudolf Springer, employed at the *Textil-Report*
1956	Move to Stuttgart, freelancer at *Textil-Woche*
1960	Starts working as an independent artist in Berlin
1961	Encounter with Carl Laszlo
1963	First works with street motifs and traffic signs
1964	First poster works, first solo exhibition in Germany at Galerie Springer, Berlin
1965	First experiments with lacerated posters, solo exhibitions at Wesel (Castle Ringenberg), and Cologne (Tobiès & Silex)
1966	Solo exhibition in Düsseldorf (Niepel)
1967	Solo exhibitions in Copenhagen (Passepartout), exhibitions in Berlin (Wargin, Lietzow, 2000), Frankfurt (Lichter), Munich (Ketterer), Stuttgart, Deidesheim, Nordhorn, Villingen-Schwenningen, Copenhagen, Hälsingborg, and Tokyo, among other venues
1972	Major retrospective at the Orangeries in Charlottenburg Palace (Neuer Berliner Kunstverein)
1975	Folder *Décollages* printed at Dietz; collaboration with Ben Wargin in creating the mural *Weltenbaum* at Hansa-Viertel, Berlin

1976	First extensive monograph by Heinz Ohff published on the occasion of his 60th birthday
1977	Galerie Wilbrand, Cologne, begins to represent the artist and exhibit his work on a regular basis Group exhibitions *Europalia*, Brussels, and *Berlin Now*, New York
1978	Solo exhibition at Westfälischer Kunstverein, Münster and first solo exhibition in Paris (Darthea Speyer)
1979	One-man-show at ART Basel and Cologne; solo exhibitions at Leopold-Hoesch-Museum, Düren Kunstverein Augsburg, and Kunstverein Neustadt
1986	solo exhibition on the occasion of the artist's 70th birthday with works on paper at Leopold-Hoesch-Museum, Düren *Bilder aus vier Jahrzehnten*, Galerie Wilbrand, Cologne Galerie 2000, Berlin
1991	Touring exhibition for the artist's 75th birthday
1993	Eva Cohon Gallery, Chicago
2001	*Malerei aus fünf Jahrzehnten*, Galerie Dieter Wilbrand, Cologne
2005	The artist dies in Berlin

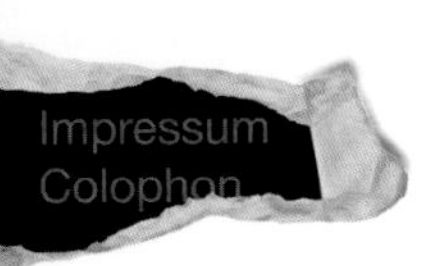

Diese Publikation erscheint anlässlich der Ausstellung [This publication is published in conjunction with the exhibition]:
Fritz Köthe, 19. 03. – 23. 04. 2013
LEVY Hamburg, Osterfeldstraße 6, D–22529 Hamburg | www.levy-galerie.de

Herausgeber [Editor]: Thomas Levy
Text [Text]: Belinda Grace Gardner (Dt. – Engl. [Ger. – Engl.])
Redaktion [Editing]: Thomas Levy, Alexander Stumm
Gestaltung [Design]: Claas Möller, claasbooks.de
Projektmanagement [Project Management], Kerber Verlag: Kathleen Herfurth

Die Deutsche Nationalbibliothek verzeichnet diese Publikation in der Deutschen Nationalbibliografie; detaillierte
bibliografische Daten sind im Internet über http://dnb.d-nb.de abrufbar. [The Deutsche Nationalbibliothek lists this publication
in the Deutsche Nationalbibliografie; detailed bibliographic data are available on the Internet at http://dnb.d-nb.de.]

Gesamtherstellung und Vertrieb [Printed and published by]:
Kerber Verlag, Bielefeld
Windelsbleicher Str. 166–170
33659 Bielefeld | Germany
Tel. +49 (0) 5 21/9 50 08-10
Fax +49 (0) 5 21/9 50 08-88
info@kerberverlag.com

Kerber, US Distribution
D.A.P., Distributed Art Publishers, Inc.
155 Sixth Avenue, 2nd Floor
New York, NY 10013
Tel. +1 (212) 627-1999
Fax +1 (212) 627-9484

KERBER-Publikationen werden weltweit in führenden Buchhandlungen und Museumsshops angeboten
(Vertrieb in Europa, Asien, Nord- und Südamerika). [KERBER publications are available in selected bookstores and museum
shops worldwide (distributed in Europe, Asia, South and North America).]

ISBN 978-3-86678-834-3 [Printed in Germany]
www.kerberverlag.com

DVD: *Fritz Köthe - Malen ist Leben*
von [by] Antje Starost & Hans Helmut Grotjahn
© Antje Starost Film Produktion
www.starostfilm.de

Parallel erscheinen zwei jeweils vom Künstler signierte und nummerierte Collector's Editions mit Serigrafie oder Linolschnitt.
Die Ausgabe mit Serigrafie ist in einer limitierten Auflage von 300, die mit Linolschnitt in einer Auflage von 50 Exemplaren erhältlich.
Diese limitierten Editionen sind ausschließlich über den Kerber Verlag (www.kerberverlag.com) oder die LEVY Galerie, Hamburg, zu
beziehen (ISBN 978-3-86678-837-4). [Parallel two special Collector's Editions have been published. The edition with a serigraphy is
limited to 300, the edition with a linocut is limited to 50 copies, both signed and numbered by the artist. These limited editions are
available exclusively through the Kerber Verlag (www.kerberverlag.com) or the LEVY Gallery, Hamburg (ISBN 978-3-86678-837-4).]